Janusz Korczak

Kinder achten und lieben

HERDER / SPEKTRUM

Band 4666

Das Buch

Er hat sein ganzes Leben den Kindern gewidmet und verstand wie kein anderer ihre Hoffnungen, Sorgen und Nöte. Janusz Korczak, einer der großen Pädagogen unserer Zeit, zeigte als Leiter zweier Waisenhäuser, was in den kleinen Persönlichkeiten steckt, wenn man sie ernst nimmt und sie ihre Fähigkeiten entwickeln läßt. Seine Grundfrage ist immer: „Wie kann ich das Kind achten, lieben und verstehen?" Denn nur so können seine guten Anlagen, Begabungen und Kompetenzen auch zum Tragen kommen. Kinder sind schließlich die Hoffnung für unsere Zukunft – und eine menschlichere Welt. Ein Buch voll überraschender Einsichten für alle, die fragen, was ihre Kinder wirklich brauchen und wie Erwachsene gemeinsam mit Kindern das Leben gestalten können.

Korczak war kein Professor, er wollte kein pädagogisches System für Eltern und Erzieher geben. Er lebte Erziehung, entschied sich für die Verteidigung der Rechte der Kleinen. Seine literarische Hinterlassenschaft ist ein Plädoyer für die Rechte des Kindes: Die ausgewählten Texte vermitteln ein umfassendes Bild von Janusz Korczak und seinen pädagogischen Provokationen. Im Zentrum steht die Überzeugung: Eltern sollten ihre Kinder ernst nehmen, sie begleiten und nicht ihre Macht ausspielen. Gemeinsam können Eltern und Erzieher in liebevollem Forschen, Zuhören und Fragen mit den Kindern Leben gestalten. Ein wertvolles, anregendes Korczak-Lesebuch, dessen Ideen für Eltern und Erzieher hochaktuell sind.

Der Autor

Janusz Korczak (1878–1942), Kinderarzt, Schriftsteller, Erzieher. Sein Weg endete mit dem Zug der jüdischen Waisenkinder über die Straßen des Warschauer Ghettos nach Treblinka. 1972 mit dem Friedenspreis des Deutschen Buchhandels ausgezeichnet. Bei Herder/Spektrum: Der kleine König Macius (Band 4322).

Die Herausgeberin

Annelie Öhlschläger, Diplom-Pädagogin, Dozentin am Institut für Soziale Berufe in Ravensburg.

Janusz Korczak

Kinder achten und lieben

Ein Lesebuch für Eltern und Erzieher

Herausgegeben von
Annelie Öhlschläger

Herder
Freiburg · Basel · Wien

Gedruckt auf umweltfreundlichem,
chlorfrei gebleichtem Papier

Originalausgabe

Alle Rechte vorbehalten – Printed in Germany
© Verlag Herder Freiburg im Breisgau 1998
Herstellung: Freiburger Graphische Betriebe 1998
Umschlaggestaltung: Joseph Pölzelbauer
Umschlagmotiv:
Paula Modersohn-Becker, Mädchen mit verschränkten Armen, 1903
ISBN 3-451-04666-0

Inhalt

Vorwort

Niemand wurde je gefragt, ob er geboren werden will. Nicht die Eltern kann man sich aussuchen, nicht die Hautfarbe, nicht die Muttersprache, nicht das Aussehen, nicht die Intelligenz, nicht die körperliche Verfassung, nicht die sozialen Verhältnisse. Wenn ein Kind Glück hat, ist es auf dieser Erde erwartet, erwünscht und willkommen und begegnet Menschen, die ihm zuallererst Liebe entgegenbringen. Doch auch die liebenden Menschen, wie z. B. die Eltern, sind gleichzeitig auch Erzieher oder Richter, oft auch Rächer. Schließlich soll aus den kleinen anvertrauten Menschen etwas werden. Aber nach diesem „Etwas" werden die meisten Kinder nicht gefragt.

Aus welchen Motiven heraus haben Sie dieses Buch zur Hand genommen? Vielleicht werden Sie demnächst Vater oder Mutter, oder der Winzling liegt bereits in der Wiege, und Sie sind sich bewußt, welche Sensation – und Verantwortung – dies bedeutet. Oder sind Sie von Beruf Erzieherin oder Erzieher, Lehrerin oder Lehrer oder wollen es werden? Vorsicht: Sie haben Texte von Janusz Korczak in der Hand. Der wird Sie fragen, was für eine Persönlichkeit Sie sind, wenn Sie mit kleinen Menschen zu tun haben wollen und nicht mit großen, starken und zahlungskräftigen.

Vielleicht haben Sie gehört oder gelesen, daß Korczak zu den bedeutendsten Pädagogen dieses Jahrhunderts gehört. Das ist sicher richtig. Wenn Sie allerdings von der Lektüre seiner Texte erwarten, daß Sie danach Ihr Kind besser erziehen werden, weil er Ratschläge erteilen, oder als Arzt, der er ja ebenfalls war, Rezepte verschreiben kann, dann wird Korczak

Sie zurückweisen. „Ich kann nicht wissen, wie mir unbekannte Eltern unter unbekannten Bedingungen ein mir unbekanntes Kind erziehen können." Korczak erwartet einen Leser, der den Faden anhand eigener Erfahrungen weiterspinnen kann. Er würde sagen: Schaut hin, beobachtet die Kinder, versucht zu verstehen, entdeckt sie, denkt nach, dann werdet Ihr schon ein wenig die faszinierende Welt der Kinder begreifen lernen. Vergeßt, daß Ihr Erzieher seid. Nehmt wahr und beobachtet kleine Menschen als Menschen. Beob-achtet. Wer liebt, achtet!

Wenn Sie ein offenes Auge für Kinder haben, wird Korczak Sie faszinieren und provozieren. Er hat eine Vielzahl von Beobachtungen und Gedanken auf vielen tausend Seiten notiert.* Eine pädagogische Systematik läßt sich darin nicht erkennen. Am dichtesten sind seine pädagogischen Absichten in dem Buch „Wie man ein Kind lieben soll" zusammengefaßt. Im Grunde sind es ganz einfache Haltungen und Sichtweisen, die Korczak zu jenem großen Pädagogen werden ließen, als den ihn die Lehrbücher heute rühmen. „Kinder werden nicht erst zu Menschen, sie sind schon welche" – will sagen: Geht mit Kindern um wie mit Menschen, dann klappt das schon mit der Erziehung. Das klingt so einfach und ist doch eine Provokation, denn es rührt an vermeintliche Selbstverständlichkeiten.

Korczaks Pädagogik ist nicht am Schreibtisch konzipiert und nicht unter einfachen Bedingungen entstanden. Er war in Waisenhäusern tätig, zuletzt im Warschauer Ghetto. Im Jahre 1942 ist er gemeinsam mit seinen jüdischen Kindern in Treblinka in den Tod gegangen. Er hat sie nicht im Stich gelassen, obwohl er die Möglichkeit hatte, sich seinen Mördern zu entziehen.

---

* Janusz Korczaks Sämtliche Werke erscheinen derzeit im Gütersloher Verlagshaus, hrsg. von Friedhelm Beiner und Erich Dauzenroth. Die Ausgabe ist auf 16 Bände angelegt.

Korczak ist kein Besserwisser. Er fordert die Eltern und Erzieher auf, ihr eigenes Verhalten zu reflektieren. Sein Credo lautet, sich selbst und das Kind so zu nehmen, wie man ist und dann gemeinsam das Zusammenleben zu gestalten. Das Kind verdient Achtung, so wie es ist. Korczak macht sich für die Menschenrechte der Kinder stark, für ihre Kinderrechte. Dies sollte nicht im Sinne einer Laissez-faire-Haltung mißverstanden werden. Es geht nicht einfach darum, Kinder zu verwöhnen und ihnen alles materiell Notwendige im Übermaß zukommen zu lassen. Das einzelne Kind in seiner Persönlichkeit zu stärken, hat für Korczak nichts mit jenem „Egotrip" zu tun, der Menschen aus der Gesellschaft ausgrenzt und vereinsamen läßt. Der Begriff der Gemeinschaft ist für Korczak nicht durch eine Ideologie verstellt, die die individuelle Persönlichkeit in der Masse der anderen oder dem Kollektiv verschwinden läßt. Die Personenwürde ist jedoch nur in menschlichen Beziehungen zu entwickeln. Deswegen sind Korczak die Regeln des Zusammenlebens so wichtig. Die ihm anvertrauten Kinder treten zu einem Kinderparlament zusammen und wählen Richter, deren Urteil auch er selbst sich unterwirft. Die Regeln des Zusammenlebens werden den Kindern nicht übergestülpt, sondern von ihnen selbst gefunden und ausgehandelt. Erneut ist die Botschaft ganz einfach: Regeln, die man selbst als vernünftig aufgestellt hat, lassen sich leichter leben. Der kleine pädagogische Unterschied zur weitverbreiteten pädagogischen Praxis besteht darin, daß Korczak den Kindern diese Vernunft zutraut. Er bleibt ganz und gar Realist: Kinder sind nicht immer vernünftig – deswegen braucht man Regeln des Zusammenlebens – aber sie sind nicht unvernünftiger als Erwachsene.

In diesem Lesebuch sind Texte zusammengetragen, die vor allem die Beziehung von Erwachsenen und Kindern zueinander behandeln: Welches Bild vom Kind und vom Menschen sollten wir uns machen? Welche Rechte haben Kinder? Was ist Erziehung? Wer ist ein Erzieher? Welche Beobachtungen im alltäglichen Verhalten der Kinder regen uns zum Nachdenken an? Daneben hat Korczak auch köstliche Geschichten aufgeschrieben, in denen sich die Schwere pädagogischer Reflexionen in humorvolle Erzählungen auflöst. Sein „König Macius" ist in viele Sprachen übersetzt worden. Ein wenig vom dichterischen Einfühlungsvermögen Korczaks soll in diesem Buch in seinen Gebeten aufschimmern. In der Zwiesprache mit Gott versetzt Korczak sich in die Perspektive von Kindern und stellt ihn zur Rede: „Sag mal, wo bin ich gewesen, als ich noch nicht auf der Welt war?" „Ob Gott auch betet?" Korczaks Gottsuche spiegelt gleichermaßen den Respekt vor der Schöpfung wider wie die Wut über einen Gott, der die Menschen mit der Fähigkeit ausgestattet hat, niederträchtig und gemein zu sein und Wehrlose zu quälen. Seine Fragen und Zweifel an Gott und der Welt teilt Korczak mit den Kindern. „Sehen, Fragen stellen und auf Fragen antworten – das ist der Inhalt unseres Lebens, das ist der Inhalt unserer neuen Pädagogik …" Korczak sieht die Welt mit den Augen der Kinder, die er als vollwertige Menschen betrachtet. Von daher rührt seine Kritik an den Erziehern: „Ein armseliger Erzieher bist du: Du weißt nicht einmal, daß ein Kind – ein Mensch ist." Mehr noch: Von denen, die Kinder erziehen, erwartet er, daß sie sich auf die Höhe der Kinder begeben: „Emporklimmen, uns ausstrecken, auf die Zehenspitzen stellen, hinlangen. Um nicht zu verletzen."

Ich weiß nicht und kann nicht wissen, wie mir unbekannte Eltern unter unbekannten Bedingungen ein mir unbekanntes Kind erziehen können. Ich sage ausdrücklich nicht „erziehen wollen" und nicht „erziehen sollen".

Dies „Ich-weiß-Nicht" ist in der Wissenschaft der Ur-Nebel, aus dem neue Gedanken auftauchen. Für einen Verstand, der nicht an wissenschaftliches Denken gewöhnt ist, bedeutet ein „Ich-weiß-Nicht" eine quälende Leere.

Ich will lehren, das wunderbare, von Leben und faszinierenden Überraschungen erfüllte schöpferische „Ich-weiß-Nicht" der modernen Wissenschaft vom Verhältnis zum Kinde zu verstehen und zu lieben.

Es geht mir darum, daß man begreift: Kein Buch und kein Arzt können das eigene wache Denken, die eigene sorgfältige Betrachtung ersetzen.

1; 1 f.

KINDERBILDER

Welche Vorstellung machen wir uns von Kindern? Wie betrachten Eltern die Kinder, die sie ihre eigenen nennen? Wer ist das, den wir erziehen wollen? Wer ist ein Kind? Korczak kommt zu der Erkenntnis: „Wir kennen das Kind nicht, schlimmer noch: wir kennen es aus Vorurteilen." Was projizieren wir nicht alles in Kinder hinein? Vieles von dem, was wir dann an ihnen zu beobachten glauben, ist nichts anderes als der Widerschein dieser Projektionen. Das Kind ist für Korczak ein unergründliches Geheimnis, dem sich die Wissenschaft zwar annähern kann, das sie jedoch nie vollständig erfassen wird. Dieses Geheimnis sollte unser Zusammenleben mit Kindern bestimmen.

Korczak verficht die Autonomie kindlicher Persönlichkeit konsequent. Der Mutter, die von „ihrem" Kind spricht, hält er scharf entgegen: „Nein, nicht einmal in den Monaten der Schwangerschaft und in den Stunden der Geburt gehört das Kind dir."

Die Kindheit ist kein Status der Unfertigkeit, den es zu überwinden gilt, aber auch nicht derjenige der Unschuld. Sie stellt einen absoluten Wert dar, nicht lediglich ein Durchgangsstadium. Korczak ist fasziniert von dem Wunder Kind, dem er volle Achtung entgegenbringt. „Das Kind versteht Wunder und tut Wunder wie der Frühling." Hinter der Feststellung, daß Kinder nicht erst zu Menschen werden, sondern bereits welche sind, steht die realistische Erkenntnis, welche Abgründe die menschliche Existenz bereithält. „Hundert Masken kann ein Kind aufsetzen, hundert Rollen spielen." Korczak verklärt und glorifiziert seine Kinder nicht. Er kennt *liebenswerte und gescheite Kinder, aber auch schwierige und anstrengende, ja hinterhältige, gemeine, sogar kriminelle Kinder. Gerade in der Beziehung zu schwierigen Kindern muß sich Korczaks pädagogische Grundhaltung der Achtung bewähren. Eindringlich warnt er davor, nicht durch mangelndes Unterscheidungsvermögen alle Kinder, ob sie lebhaft, mürrisch oder unbequem sind, in einen Topf zu werfen.*

Korczak versteht sich als Anwalt der Kinder. Kinder sind für ihn eine unterdrückte Gesellschaftsschicht, ein „Proletariat auf kleinen Füßen". Mit ihnen erkämpft er das Recht auf den heutigen Tag, auf den Anspruch, den Sinn des Lebens heute zu suchen und nicht auf den Sankt-Nimmerleins-Tag zu verschieben. Sein König Macius führt einen Klassenkampf für die unterdrückte Kindheit. Kinder sollen aus der künstlichen Kinderwelt befreit werden.

*Diese Botschaft erscheint heute noch aktueller als zu Korczaks Lebzeiten. Die Kindheit als eine Vorbereitung auf den Ernst des Lebens zu betrachten, ist ein sehr neuzeitlicher Gedanke. Kinder werden leider immer mehr aus den ernsthaften Bereichen des Lebens herausgehalten und in sorgsam abgeschirmten Kinder- und Jugendwelten isoliert. Dort werden sie zwar sehr wohl als Konsumenten wahrgenommen und bedient, nicht aber als vollwertige Mitglieder der Gesellschaft. Korczak hingegen erklärt Kinder zu Fachleuten, die Erwachsene in vielfacher Hinsicht **lehren** können.*

Und nun stehe ich, obschon reich an erfahrener Einsicht in die Macht der Naturgesetze und in den Genius menschlichen Forschens, vor einer unbekannten Größe: dem Kind.

1; 224

Du sagst:

„Mein Kind."

Wann hast du das größte Recht darauf, wenn nicht in der Zeit der Schwangerschaft? Der Schlag des wie ein Pfirsichkern so kleinen Herzens ist das Echo deines Pulsschlages. Dein Atem läßt auch ihm den Sauerstoff der Luft zukommen. *Ein* Blutstrom kreist in ihm und in dir, und kein roter Blutstropfen weiß es jetzt schon, ob er bei dir bleibt oder bei ihm oder ob er vergossen wird und stirbt als Tribut, den das Geheimnis der Empfängnis und der Geburt fordert. Der Bissen Brot, den du kaust, ist für dein Kind Stoff zum Aufbau seiner Beine, mit denen es laufen, der Haut, die es kleiden, der Augen, mit denen es sehen, des Gehirns, in dem das Denken aufflackert, der Hände, die es nach dir ausstrecken, des Lächelns, mit dem es „Mutter" rufen wird.

Miteinander sollt ihr den entscheidenden Augenblick erleben: Ihr werdet einen gemeinsamen Schmerz erleiden. Die Glocke schlägt, – die Losung heißt:

– Seid bereit.

Und zugleich wird es sagen: „Ich will mein eigenes Leben leben", und du sagst: „Lebe nun dein eigenes Leben."

Unter krampfartigen Zuckungen deines Inneren wirst du es von dir geben, ohne dich um seinen Schmerz zu kümmern, kräftig und entschieden wird es sich hinausdrängen, ohne deiner Schmerzen zu achten.

Ein brutaler Akt.

Nein – sowohl du als auch dein Kind, ihr zittert Tausende von Malen auf nicht wahrnehmbare, subtile, wunderbar gewandte Weise, um euren Anteil am Leben zu beanspruchen und dabei nicht mehr zu nehmen, als euch von Rechts wegen gehört, nach allgemeinen, seit Urzeiten gültigen Gesetzen.

„Mein Kind."

Nein, nicht einmal in den Monaten der Schwangerschaft und in den Stunden der Geburt gehört das Kind dir.

Das Kind, das du geboren hast, wiegt zehn Pfund. Davon sind acht Pfund Wasser und je eine Handvoll Kohlenstoff, Kalk, Stickstoff, Schwefel, Phosphor, Kalium und Eisen. Du hast acht Pfund Wasser und zwei Pfund Asche zur Welt gebracht. Und jeder Tropfen dieses *deines* Kindes war einmal Dunst einer Wolke, ein Schneekristall, Nebel, Tau, ein Bach und das Abwasser eines städtischen Kanals. Jedes Atom Kohlenstoff oder Stickstoff war einmal Bestandteil von Millionen verschiedener Verbindungen.

Du hast nur das alles zusammengefügt, was schon vorhanden war.

Die Erde, schwebend im unendlichen Raum.

Ihr naher Gefährte, die Sonne, fünfzig Millionen Meilen entfernt.

Der Durchmesser unserer kleinen Erde, das sind nur dreitausend Meilen feurigglühender Masse mit einer dünnen, in einer Mächtigkeit von zehn Meilen erstarrten Schale. Auf dieser dünnen, mit Feuer erfüllten Schale, inmitten von Ozeanen, eine Handvoll festes Land.

Auf dem Land, zwischen Bäumen und Sträuchern, Insekten, Vögeln, Tieren wimmelt es von Menschen.

Und unter den Millionen von Menschen hast du noch ein – ja was denn? – Hälmchen, ein Stäubchen zur Welt gebracht, ein Nichts.

Es ist so hinfällig, daß eine Bakterie, die erst in tausendfacher Vergrößerung einen Punkt im Blickfeld darstellt, es töten kann …

Aber dieses „Nichts" ist ein leibhaftiger Bruder der Woge

im Meer, des Sturmwindes, des Blitzes, der Sonne und der Milchstraße. Dieses Stäubchen ist ein Bruder der Getreideähre, des Grases, der Eiche, der Palme – des Gelbschnabels im Vogelnest, des Löwenjungen, des Füllen und des kleinen Hundes.

In ihm ist etwas, das empfindet, untersucht – duldet, begehrt, sich freut, liebt, vertraut, haßt – glaubt, zweifelt, an sich zieht und abstößt.

Dieses Stäubchen umfaßt mit seinen Gedanken alles: Sterne und Ozeane, Berge und Abgründe. Und was ist der Inhalt der Seele anders als das All, nur ohne Dimensionen.

Das ist nun der Widerspruch im menschlichen, aus vergänglichem Staub entstandenen Wesen, in dem Gott Wohnung genommen hat.

Du sagst:

„Mein Kind."

Nein, es ist ein gemeinsames Kind, ein Kind von Vater und Mutter, von Ahnen und Urahnen. [...]

Ein Kind ist wie ein Pergament, dicht beschrieben mit winzigen Hieroglyphen, die du nur zum Teil zu entziffern vermagst; manche aber kannst du auslöschen oder nur durchstreichen und mit eigenem Inhalt erfüllen.

Ein grausames Gesetz? Nein, eine gute Erkenntnis. Sie stellt in jedem Kind das erste Glied in der unendlichen Kette der Generationen her. Suche nach dem in deinem dir fremden Kinde schlummernden Teilchen von dir selbst. Vielleicht entdeckst du es, vielleicht kannst du es sogar zur Entfaltung bringen.

Das Kind und die Unermeßlichkeit.

Das Kind und die Ewigkeit.

Das Kind – ein Stäubchen im unendlichen Raum.

Das Kind – ein Moment in der Zeit.

1; 2ff.

❖

Der Mensch – ist wohl ein Geheimnis. Das Zusammenleben und die Zusammenarbeit der Leute – ist wohl ein Geheimnis. Das größte Geheimnis ist das Kind.

7; 49

❖

Wir kennen das Kind nicht, schlimmer noch: wir kennen es aus Vorurteilen.

1; 226

❖

Das Kind versteht Wunder und tut Wunder wie der Frühling.

7; 109

❖ ❖ ❖

Das eine Kind:

Es ist zur Welt gebracht worden, und es hat sich bereits mit der kühlen Luft, der rauhen Windel, der Unruhe verschiedener Geräusche und der Tätigkeit des Saugens abgefunden. Es trinkt fleißig, berechnend und dreist. Schon lächelt es, lallt vor sich hin und kann seine Hände bewegen. Es wächst, untersucht seine Umgebung, krabbelt, läuft, plappert und spricht. Wie und wann ist das vor sich gegangen?

Eine heitere ungestörte Entwicklung ...

Ein anderes Kind.

Eine Woche ist vergangen, ehe es das Saugen gelernt hat. Ein paar unruhige Nächte. Eine Woche ohne Sorgen, und dann ein ganzer Tag voller Sturm. Die Entwicklung vollzieht sich etwas träge, das Zahnen ist beschwerlich. Es treten Schwankungen ein, aber nun ist alles in Ordnung: das Kindchen ist friedlich, lieb, lustig.

Vielleicht ist es ein geborener Phlegmatiker, die Betreuung wird nicht überlegt gehandhabt, die Brust ist nicht leistungsfähig genug, und die Entwicklung ist doch glücklich.

Ein drittes Kind:

Es ist ungestüm. Fröhlich und leicht erregbar, kämpft es verzweifelt und ohne seine Energievorräte zu schonen, wenn es von unguten Eindrücken äußerlich oder innerlich bedrängt wird. Lebhafte Bewegungen, plötzliche Veränderungen, heute ganz anders als gestern. Es lernt und vergißt auch wieder. Eine Entwicklung in gebrochener Linie mit steilen Anstiegen und Abfällen. Überraschungen, angefangen von den liebenswertesten bis zu den bedrohlichsten. Man weiß es nicht zu sagen, endlich meint man: ein leicht erregbares Kind, ein Trotzkopf, ein launisches Geschöpf, vielleicht für die Zukunft wertvoll ...

Das vierte Kind:

Wollte man die Sonnen- und die Regentage berechnen, es gäbe nicht viele heitere Stunden. Unzufriedenheit als grundlegender Charakterzug. Es gibt keinen großen Schmerz, aber unliebsame Überraschungen; es gibt keinen Lärm, aber Unruhe. Gut wäre es, wenn ... Niemals bleiben Vorbehalte aus.

Das ist ein Kind mit Mängeln, unvernünftig erzogen ... Die Zimmertemperatur, hundert Gramm Milch zuviel oder hundert Gramm Trinkwasser zu wenig, das sind nicht nur hygienische, sondern auch erzieherische Faktoren. Das kleine Kind, das so vieles zu erforschen, zu ahnen, kennenzulernen, sich anzueignen, lieb zu gewinnen und abzulehnen, vernünftig abzuwehren und zu verlangen hat, muß ein gutes Selbstgefühl besitzen, unabhängig von seinem angeborenen Temperament oder seiner schläfrigen Klugheit.

1; 27 ff.

❖

Ein Theoretiker teilt die Kinder nach Temperament, geistigen Typen, Neigungen in Kategorien ein – ein Praktiker unterscheidet vor allem bequeme und unbequeme Kinder – mittelmäßige, mit denen man sich nicht besonders zu befassen braucht, und Ausnahmefälle, die viel Zeit in Anspruch nehmen.

Unbequem sind die Jüngsten – unter dem Durchschnittsalter; dann auch die Ältesten, die kritisch und widersetzlich sind, andere sind tolpatschig, plump und schwächlich, gewalttätig und aufdringlich.

Anstrengend ist auch ein Kind, das bereits der Disziplin des Internates entwachsen ist, das die Ordnungsregeln im Schlafraum, im Speisesaal bei Frühstück, Gebet, Spiel und Spaziergang als demütigend empfindet.

Ein Kind, aus dessen Ohr Eiter fließt, das einen Fingernagel verliert, dem die Augen tränen, das Kopfschmerzen hat, fiebert oder hustet.

Ein Kind, das sich ganz langsam anzieht, wäscht, kämmt und ißt. Sein Bett ist zuletzt gemacht, sein Handtuch hängt als letztes wieder an seinem Haken, auf seinen Teller oder Becher muß man lange warten; es verzögert das Aufräumen des Schlafsaals, das Abräumen des Tisches, das Wegräumen des Geschirrs in die Küche.

Ein Kind, das immerfort etwas zu fragen hat, das sich oft beklagt und sein Verlangen unter Tränen vorbringt, das die Gesellschaft der anderen Kinder nicht liebt, das sich dir aufdrängt, andauernd etwas nicht weiß, um etwas bittet, was es gerade braucht, und immer etwas Wichtiges vorzubringen hat. Ein Kind, das ungehörig geantwortet, das Personal beleidigt, sich gezankt und herumgeschlagen hat, das mit Steinen geworfen, das mutwillig etwas zerbrochen oder zerrissen hat, das einen wissen läßt, daß es nicht will.

Ein empfindsames und launisches Kind, dem eine kleine Rüge, ein unfreundlicher Blick schmerzlich sind, und das kühle Gleichgültigkeit als Strafe empfindet.

Ein liebenswerter Lausbub, der dir den Ausguß mit Steinchen verstopft, an der Türklinke schaukelt, den Wasserhahn abdreht, den Ofenschieber schließt, die Wand mit Buntstiften vollkritzelt, mit einem Nagel die Fensterbretter zerkratzt und Buchstaben in die Tischplatte schneidet. Unglaublich erfinderisch, aber unberechenbar.

Das sind die Räuber deiner Zeit, die Tyrannen deiner Geduld und die Gärstoffe in deinem Gewissen. Du kämpfst gegen sie an, aber du weißt, es ist nicht ihre Schuld.

1; 164f.

❖ ❖ ❖

Wollte man die Menschheit in Erwachsene und Kinder teilen, und das Leben in Kindheit und Reife, so gibt es hier wie dort unzählige Kinder. Wir nehmen sie – von unseren eigenen Auseinandersetzungen und Sorgen absorbiert – nur nicht wahr [...]

Das Kind – hundert Masken, hundert Rollen eines fähigen Schauspielers. Anders gegenüber der Mutter als in Anwesenheit des Vaters, der Großmutter, des Großvaters, anders gegenüber einem strengen als gegenüber einem milden Lehrer, anders in der Küche oder inmitten von Altersgenossen, wieder anders gegenüber Reichen als gegenüber Armen, anders in Alltagskleidung als in Festtagskleidung. Naiv und durchtrieben, demütig und erhaben, sanftmütig und rachsüchtig, guter Laune und eigenwillig vermag es sich eine Zeitlang so zu verbergen, so in sich selbst zu verschließen, daß es uns täuscht und ausnutzt.

Im Bereich der Instinkte fehlt ihm scheinbar nur ein einziger; dieser ist an sich wohl vorhanden, aber noch unausgeprägt, gleichsam ein Nebel erotischer Vorahnungen.

Seine Gefühlswelt ist mächtiger als die unsrige, weil sie noch durch keine Hemmungen eingeschränkt ist. An intellektuellen Kräften kommt es uns gleich; es fehlt ihm nur noch die Erfahrung.

Daher ist der Erwachsene so oft ein Kind, und das Kind wiederum ein erwachsener Mensch.

Der ganze Unterschied beruht im übrigen darauf, daß es keinem Verdienste nachgeht, und daß es zum Nachgeben gezwungen ist, weil wir für seinen Unterhalt sorgen.

1; 73ff.

20

Offenbar geht es sowohl den Kindern als auch den Erwachsenen nicht besonders gut. Die einen haben ihre Sorgen und ihre Gründe zur Traurigkeit, die anderen – die ihren.

Es könnte sogar so eingerichtet sein, daß der Mensch immer abwechselnd mal groß, mal klein ist. So, wie es den Winter und den Sommer, den Tag und die Nacht, den Schlaf und das Wachen gibt. Wenn es so wäre, würde sich niemand wundern. Sie würden sich eben besser verstehen – die Erwachsenen und die Kinder.

4; 75

❖

Das Kind ahmt Erwachsene nach.

Nur durch Nachahmung lernt es sprechen und den meisten Umgangsformen zu genügen, und nur dadurch erweckt es den Anschein, sich in die Erwachsenenwelt eingelebt zu haben, die es nicht verstehen kann, und die ihm fremd und unbegreiflich ist. [...]

Es gibt noch eine Form der Nachahmung: Wenn ein kleines Mädchen durch den Schmutz watet und ihr kurzes Kleidchen hochhebt, dann bedeutet das, daß sie jetzt gerade eine Erwachsene ist. Wenn ein Junge die Unterschrift seines Lehrers nachahmt, dann überprüft er gleichsam seine eigene Befähigung für ein hohes Amt. Auch diese Form der Nachahmung ist bei Erwachsenen zu finden.

1; 79f.

❖

Unter Kindern gibt es ebensoviel böse Menschen wie unter Erwachsenen; für sie ist es freilich weder nötig noch möglich, das zu zeigen.

In der Kinderwelt ereignet sich alles, was auch in der verderbten Welt der Erwachsenen geschieht. Du findest hier Vertreter aller Menschentypen und Muster aller ihrer nichtswürdigen Taten. Kinder ahmen nämlich das Leben, die Gespräche und die Bestrebungen des Milieus nach, in dem sie aufgewachsen sind, denn deren Leidenschaften sind alle bereits in ihnen angelegt.

Wenn ich morgen eine Gruppe von Kindern treffen werde, dann sollte ich bereits heute wissen, wer sie sind. Es wird unter ihnen Sanftmütige, Nachgiebige, Gutherzige und Vertrauensvolle geben – bis hin zu den ganz Boshaften, offensichtlich Feindlichen, die voller umstürzlerischer Initiative sind, oder bis zu den heuchlerisch nachgiebigen, konspirativ Bösartigen – Intriganten und Kinder mit verbrecherischen Anlagen.

1; 213

❖

Gibt es ein Leben nur so zum Scherz! Nein, das Kindesalter – das sind lange, wichtige Jahre des menschlichen Lebens. Das grausame, aber in sich konsequente Recht Griechenlands und Roms läßt die Tötung von Kindern zu. Im Mittelalter ziehen Fischer in ihren Netzen die Leichen von ertränkten Neugeborenen an Land. Noch im 17. Jahrhundert werden in Paris ältere Kinder an Bettler verkauft, jüngere verschenkt man vor den Portalen von Notre Dame. Das ist noch gar nicht lange her. Und bis zum heutigen Tage werden sie unterdrückt, wenn sie uns im Wege sind.

Die Zahl der unehelichen, verlassenen, vernachlässigten, ausgenutzten, verwahrlosten und mißhandelten Kinder wird immer größer. Das Gesetz schützt sie zwar, aber genügt dieser Schutz noch? Es hat sich vieles verändert; die alten Gesetze bedürfen einer Revision.

Wir sind reich geworden. Wir genießen längst nicht mehr lediglich die Früchte der eigenen Arbeit. Wir sind Erben, Aktionäre, Miteigentümer eines ungeheuren Vermögens. Wie viele Städte, öffentliche Gebäude, Fabriken, Bergwerke, Hotels und Theater sind unser Eigentum; wie viele Waren auf den Märkten – von unzähligen Schiffen herbeigebracht – drängen sich dem Verbraucher förmlich auf und wollen – bitteschön verwendet werden.

Machen wir Bilanz, berechnen wir, wieviel dem Kinde danach vom Gesamteinkommen zusteht, wieviel ihm als sein rechtmäßiger Anteil nicht aus Gnade und nicht als Almosen zukommt. Prüfen wir redlich, wieviel wir davon dem Volk der Kinder, der Nation der Minderjährigen, der Klasse der Fronenden überlassen. Wie groß ist ihr Erbteil, wie soll es aufgeteilt werden; haben wir sie nicht – wie ein unredlicher Vormund – enterbt und enteignet?

Sie fühlen sich bedrängt, eingeengt, armselig, eintönig und streng behandelt.

3; 23f.

❖

Es gibt anscheinend zwei verschiedene Arten von Leben: das ernste und achtungswürdige Leben der Erwachsenen, und das unsere – vermeintlich nur zum Scherz. Da wir kleiner und schwächer sind, stellen wir also nur so etwas wie ein Spielzeug dar. Daher die Geringschätzung.

Die Kinder – das sind die zukünftigen Menschen. Also werden sie erst welche, also ist es so, als gäbe es sie noch nicht. Aber doch sind wir da: wir leben, fühlen, leiden.

Die Jahre unserer Kindheit – das sind die Jahre eines wirklichen Lebens.

Warum und worauf lassen sie uns noch warten?

Bereiten sich etwa die Erwachsenen auf das Alter vor? Vergeuden etwa nicht auch sie leichtsinnig ihre Kräfte? Hören sie etwa gern die Warnungen der nörgeligen Greise?

Im Grau-in-Grau des Erwachsenen-Alltags dachte ich an die bunten Jahre der Kindheit. Ich kehrte zu ihnen zurück, ließ mich durch die Erinnerungen täuschen. Und nun betrat ich das Grau-in-Grau der Tage und Wochen eines Kindes. Gewonnen habe ich nichts, nur etwas verloren – die Härte, resignieren zu können.

Traurig ist mir zumute. Elend.

4; 178f.

❖

Ein Drittel der Menschheit sind Kinder und Jugendliche, ein Drittel des Lebens ist die Kindheit. Kinder werden nicht erst zu Menschen – sie sind bereits welche.

7; 106

❖

Unter dem gleichen Kittel schlagen hundert verschiedene Herzen, und jedes einzelne ist für dich schwierig, bedeutet andere Mühen, andere Sorgen und Befürchtungen. Hundert Kinder – hundert Menschen, die nicht irgendwann einmal, sondern schon jetzt, schon heute Menschen sind. Keine Liliputwelt, sondern eine richtige Welt mit ihren Werten, Tugenden, Lastern, Bestrebungen und Wünschen, die durchaus nicht klein und gering, sondern wichtig sind, und nicht unschuldig, sondern eben menschlich.

1; 162

❖

Das Kind hat eine Zukunft, aber ebenso auch eine Vergangenheit; denkwürdige Ereignisse, Erinnerungen, viele Stunden bedeutenden, einsamen Grübelns. Ebenso wie wir erinnert es sich oder vergißt, schätzt oder verachtet, denkt logisch – und irrt, wenn es etwas nicht weiß. Mit Überlegung vertraut es und zweifelt.

Das Kind ist wie ein Fremdling, es versteht die Sprache nicht, es kennt den Verlauf der Straßen nicht, kennt die Gesetze und Bräuche nicht. Manchmal möchte es selbst entdecken; wenn es schwierig wird, bittet es um Hinweis und

Rat. Es braucht jemanden, der es leitet und seine Fragen beantwortet. Wir sollten seine Unwissenheit achten!

3; 25f.

❖

Das Kind läuft und springt herum, ohne Notwendigkeit schaut es umher, wundert sich und fragt; es weint leicht, aber es freut sich auch häufig. Ein sonniger Tag im Herbst ist ein richtiges Geschenk, weil die Sonne um diese Jahreszeit selten scheint; im Frühling ist es sowieso grün. So, wie es ist, ist's ihm genug, es braucht nur wenig, um sich zu freuen, wozu sich besonders anstrengen? Eilig und ohne uns viel Mühe zu machen fertigen wir es ab. Wir nehmen die Vielfalt seines Lebens und die Freude, die wir so leicht geben können, nicht ernst.

Uns entfliehen wichtige Viertelstunden und Jahre; das Kind hat Zeit, es wird schon fertig, es kann warten.

3; 12

❖ ❖ ❖

Das Kindchen rutscht auf den Knien, es steht, wenn man es festhält oder es sich selbst auf die Bettkante stützt, es hält sich aufrecht ohne fremde Hilfe, es hat ein paar Schritte auf dem Fußboden und viele in der Luft gemacht, es schiebt sich vorwärts, kriecht, robbt, schiebt einen Stuhl vor sich her, ohne das Gleichgewicht zu verlieren, es wird immer sicherer, bis es richtig laufen kann. Und urplötzlich – gestern noch, die ganze Woche, ist es gelaufen, und nun kann es das nicht mehr. Es ist ein wenig überdrüssig, es hat die Lust verloren. Es ist hingefallen und hat sich erschreckt, nun ist es ängstlich – zwei Wochen Pause. [...]

Wann sollte ein Kind laufen und sprechen? Dann, wenn es läuft und spricht. Wann sollten die Zähnchen durchbrechen? Eben dann, wenn sie sich zeigen. Auch die Fontanelle sollte dann zuwachsen, wenn sie sich eben von selbst schließt. Und das Kind sollte solange schlafen, bis es ausgeschlafen ist. Wir wissen doch, wann das gemeinhin eintritt. In jeder populärwissenschaftlichen Broschüre sind, aus dickleibigen Handbüchern übertragen, diese kleinen Wahrheiten enthalten, die für Kinder im allgemeinen gelten, für ein Kind jedoch sich gerade als falsch erweisen können.

Denn es gibt Kleinkinder, die mehr, und andere, die weniger Schlaf brauchen, es gibt ein frühzeitiges Zahnen, bei dem die Zähnchen schon beim Durchbrechen schlecht sind, und gesunde, kräftige, intakte aber spät durchbrechende Zähne gesunder Kinder; die Fontanelle wächst bei gesunden Kindern schon im neunten oder auch erst im vierzehnten Monat ihres Lebens zu; Dummerchen fangen manchmal früher zu pappeln an, kluge Kinder sprechen bisweilen erst sehr spät. [...]

Denn es ist unwichtig, ob die oberen oder die unteren, die Schneide- oder die Backenzähne zuerst durchbrechen. Das kann jeder beobachten, der einen Kalender und Augen im Kopf hat; was aber ein lebendiger Organismus ist und wessen er bedarf, das ist eine große Wahrheit, die sich aber erst im Laufe der Zeit, aus Beobachtungen ergibt.

1; 38f.

❖

Die Entwicklungskurve eines Kindes hat ihre verschiedenen Jahreszeiten, Phasen der intensiven Arbeit und der Ruhe zum Zwecke der inneren Vervollkommnung, der Beendigung eines eilig ausgeführten Vorhabens und der vorbereitenden Ansammlung von Vorräten für den weiteren Aufbau. Eine sieben Monate alte Leibesfrucht ist bereits lebensfähig, und doch reift sie noch lange zwei Monate (fast den vierten Teil der Schwangerschaft) im Schoße der Mutter weiter.

Ein Kleinkind, das sein Anfangsgewicht im Laufe eines Jahres verdreifacht, hat das Recht, sich auszuruhen. Seine

blitzartige seelische Entwicklung berechtigt es gleichfalls
dazu, das eine oder andere von dem zu vergessen, was es bereits kennengelernt hat und was wir vorschnell als eine Er-
rungenschaft von Dauer angesehen haben.

1; 70

❖

Es gibt keine Grenzpfähle zwischen den einzelnen Lebens-
phasen; wir errichten sie so, wie wir die Weltkarte verschie-
denfarbig kolorieren und künstliche Staatsgrenzen ziehen, die
wir alle paar Jahre ändern. [...]

Jedes Kind durchlebt Phasen von Altersmüdigkeit, aber auch
Phasen trunkenen, überschäumenden Lebenswillens; aber das
bedeutet nicht, daß man nachgeben und es schonen sollte; das
bedeutet aber auch nicht, daß man dagegen angehen und es ab-
härten musse. Das Herz kommt mit dem Wuchs des Körpers
nicht mit; also muß man ihm Ruhe gewähren. Vielleicht sollte
man es aber auch zu einer lebhafteren Tätigkeit anregen, damit es sich kräftigt und größer wird? – Diese Frage läßt sich
nur im Einzelfall und im gegebenen Augenblick entscheiden.
Notwendig ist jedoch, daß wir das Vertrauen des Kindes gewinnen; das Kind verdient es, daß wir ihm Glauben schenken.

1; 130

 ❖ ❖ ❖

Mangelndes Unterscheidungsvermögen wirft lebhafte, ehr-
geizige, kritische und all die unbequemen, aber gesunden und
sauberen Kinder in einen Topf mit den mürrischen, verdros-
senen, mißtrauischen, schmutzigen, verführten und leichtsinnigen Kinder, die bereitwillig schlimmen Beispielen folgen. Ein unerfahrener, achtloser und oberflächlicher Blick
erkennt keinen Unterschied zwischen diesen und den seltenen üblen Ausnahmen, die wirklich schwer belastet sind. [...]
„So sind sie, und dazu sind sie fähig."

Das ist wohl das schlimmste Unrecht.

Die Nachkommen von Säufern, von Vergewaltigung und Raserei – ihre Verfehlungen sind nicht das Echo auf Stimmen von außen, sondern sie gehorchen einem Befehl von innen. Ein düsterer Augenblick: das Kind begreift, daß es anders ist, schwieriger, ein Krüppel, daß es verwünscht und beschimpft wird. Der erste Entschluß, den Kampf mit der Macht aufzunehmen, die das Böse diktiert. Was die anderen einfach geschenkt bekommen, was bei ihnen alltäglich oder wertlos ist, die lichten Tage seelischen Gleichgewichts, erhält es nur als Lohn für blutige Anstrengungen. Es sucht Hilfe; wenn es Vertrauen faßt, schließt es sich auf, bittet, fordert: „Helft!" Es hat ein Geheimnis aufgespürt, es möchte sich bessern, ein für allemal, sofort, im ersten Sturm der Anstrengung.

Wir sollten seinen leichtsinnigen Feuereifer bedächtig zügeln, seinen Entschluß, sich zu bessern, hinauszögern; statt dessen stacheln wir es in ungeschickter Weise an und treiben es zur Eile. Es will sich befreien, wir aber bemühen uns, es zu verstricken; es will sich losmachen, wir aber stellen ihm heuchlerische Fallen. Wenn Kinder offen und aufrichtig sein wollen, so lehren wir sie das Gegenteil. Sie schenken uns einen Tag, einen ganzen, langen Tag ohne Fehl – wir aber stoßen sie um eines einzigen bösen Augenblicks willen zurück. Ist es das wert? [...]

Die Kinder verzichten nicht auf ihr Programm der Rache, sie verschieben es nur und warten auf eine günstige Gelegenheit. Wenn sie an das Gute glauben, so hüten sie die Sehnsucht danach als ihr tiefstes Geheimnis. „Warum habt ihr es zugelassen, daß ich geboren wurde, wer hat euch um mein Hundeleben gebeten?" Ich strebe nach der höchsten Stufe des Eingeweiht-Seins, nach der schwierigsten Erhellung. Bei Übertretungen und Verfehlungen genügt geduldige, wohlwollende Nachsicht; Übeltäter brauchen Liebe. Ihre zornige Empörung ist gerecht. Der Groll gegenüber einer Tugend, die nicht schwerfällt, muß nachempfunden und ein Bündnis mit dem einsamen, geächteten Frevel geschlossen werden. Wann, wenn nicht jetzt, kann ein Lächeln ein Geschenk für es sein? [...]

Seht ihr denn nicht, daß diese schlimmsten Kinder gerade den besten leid tun: was ist denn ihre Schuld?

3; 32ff.

❖

Man muß glauben, daß ein Kind nicht schmutzig, sondern nur beschmutzt sein kann. Ein kriminelles Kind bleibt ein Kind. Das darf man keinen Augenblick vergessen. Es hat noch nicht resigniert, weiß selber noch nicht, warum, es wundert sich, stellt bisweilen entsetzt fest, daß es anders, schlimmer ist – anders als alle. Weshalb? Es hört auf, mit sich zu ringen, wenn es resigniert oder – schlimmer noch – erkennt, daß die Menschen – die Allgemeinheit – sein inneres schweres Ringen nicht wert sind. Wenn es sagen wird: „Ich bin genauso, vielleicht besser als die anderen."

Wie ehrlich und würdig ist die Arbeit eines Dompteurs wilder Tiere. Der Furie wilder Instinkte setzt der Mensch unbewegt den konsequenten Willen entgegen. Er herrscht durch den Geist. Der Erzieher muß mit angehaltenem Atem neue Wege der Dressur verfolgen – durch Milde, nicht mit Peitsche und Revolver. Und dabei ist das doch nur ein Tiger oder ein Löwe.

Es ist erstaunlich, wie ein brutaler Erzieher selbst sanfte Kinder rasend machen kann.

Ich verlange vom Kind nicht Besserung, ich dressiere seine Taten. Das Leben ist eine Arena – es gibt weniger und mehr geglückte Augenblicke. Es bewertet nicht sich selber, sondern die Taten.

6; 16

❖

Wenn so ein gefühlskaltes und boshaftes Kind sich dir nähert und sich an dich schmiegt, dann hast du nicht das Recht, es zurückzuweisen, auch wenn du weißt, daß es sich um ein berechnendes Vorgehen handelt. Vielleicht ist es nicht so gewandt, vielleicht führen dich andere geschickter hinters Licht, mit mehr Anmut, noch verlogener, weil sie dem Bann des eigenen Spiels erliegen?

Unter denen, die sich öfter in deiner Nähe zu schaffen machen, als dir lieb ist, befinden sich vielleicht schwache und unbeliebte Kinder, die deine besondere Fürsorge für sich in Anspruch nehmen und erreichen wollen, daß du sie gegen Benachteiligungen in Schutz nimmst.

1; 214f.

❖ ❖ ❖

Ist es gescheit?

Wenn die Mutter zunächst nur ängstlich diese Frage stellt, bald wird sie verlangen, daß es so sei. [...]

„Es spricht noch immer nicht ... Es ist älter als ... und trotzdem – Es lernt schlecht ..."

Anstatt zu beobachten, um zu erkennen und zu wissen, nimmt man das erste beste Beispiel eines „wohlgeratenen Kindes" und fordert von seinem eigenen Kind: diesem Vorbild sollst du ähnlich sein.

Es darf nicht sein, daß vermögender Eltern Kind ein Handwerker wird. Es mag lieber ein unglücklicher und demoralisierter Mensch aus ihm werden. Keine Liebe zum Kind, sondern Egoismus der Eltern, nicht das Wohl des Einzelnen, sondern die Ambitionen des großen Haufens, kein Suchen nach gangbaren Wegen, sondern die Fessel der Schablone.

Es gibt aktive und passive Geister, lebendige und apathische, ausdauernde und launenhaft wechselnde, nachgiebige und widerspenstige, schöpferische und auf Nachahmung bedachte, blendende und solide, sachlich bestimmte und literarisch begabte Geister; es gibt ein hervorragendes und ein mäßig durchschnittliches Gedächtnis; Esprit in der Verwendung erworbenen Wissens und redliches Bedenken, angeborenen Despotismus und Reflexion, und Kritizismus; es gibt Früh- und Spätentwicklung, einseitige oder vielfältige Interessiertheit.

Aber wen geht das schon etwas an?

„Soll es doch wenigstens vier Klassen beenden", so spricht die elterliche Resignation.

In Vorahnung einer glänzenden Renaissance physischer Arbeit sehe ich ihre Anwärter in allen Klassen der Gesellschaft. Derweilen schlagen sich Eltern und Schule mit jeder ungewöhnlichen, untypischen, schwachen oder unausgeglichenen Intelligenz herum. Es geht nicht darum, ob es gescheit, sondern vielmehr wie klug das Kind ist.

1; 10f.

❖ ❖ ❖

„Ob es hübsch ist? Daran liegt mir nichts." So reden unaufrichtige Mütter, welche die Ernsthaftigkeit ihrer Ansichten über Erziehungsfragen gern unterstreichen möchten. Schönheit, Anmut, Statur, eine angenehm klingende Stimme, das ist ein Kapital, das du deinem Kinde mitgegeben hast; wie die Gesundheit, wie der Verstand ist es ihm eine Hilfe auf dem Lebensweg. Man sollte die Schönheit nicht überbewerten, und wenn sie nicht mit anderen Gaben verbunden ist, kann sie sogar schädlich sein. Um so notwendiger ist es, sie mit wacher Aufmerksamkeit im Blick zu behalten.

Ein hübsches Kind ist anders als ein häßliches zu erziehen. Aber da es keine Erziehung ohne Teilnahme des Kindes gibt, sollte man die Fragen von Schönheit und Anmut nicht schamhaft vor dem Kinde verschweigen; denn gerade das ist ihm schädlich. Diese vorgebliche Nichtachtung der Schönheit ist ein Relikt des Mittelalters. Sollte der Mensch, der so empfänglich ist für die Schönheit einer Blume, eines Schmetterlings, eines Landschaftsbildes, sich der Schönheit des Menschen gegenüber gleichgültig verhalten?

Du willst vor deinem Kinde verborgen halten, daß es hübsch ist? Wenn ihm das keiner von den vielen Menschen sagt, die es im Hause umgeben, so werden es ihm fremde Leute sagen, auf der Straße, im Laden, im Garten, überall – mit einem Ausruf, einem Lächeln, einem Blick, Erwachsene oder Gleichaltrige.

1; 9

❖ ❖ ❖

Ein Mensch von angenehmem Aussehen – der hat es leichter, liebenswert zu sein. Ja, ein gesunder, hübscher, fröhlicher und begabter Mensch hat es leicht, beliebt zu sein. Er begrüßt die Menschen seinerseits mit einem freundlichen Lächeln, und sie geben es ihm zurück. Ein schwächlicher, häßlicher, bärbeißiger und unbegabter Mensch wird oft angegriffen und zum Narren gehalten. Er nähert sich anderen voller Mißtrauen, und voller Widerwillen denkt er an seine vom Glück mehr begünstigten Mitmenschen.

Aber nur äußerst selten gibt es jemanden, der allen gefällt. Für den einen ist jemand hübsch, ein anderer meint, er sei nichts Besonderes.

„Reizend."

„Ich finde ihn häßlich. Er sieht aus wie eine Puppe."

Dem einen gefallen schwarze Augen, dem anderen blaue, der eine mag dunkles Haar, der andere helles. Er hat hübsche Augen, aber eine häßliche Nase, einen hübschen Mund, aber häßliche Zähne.

Manchmal heißt es, daß jemand nicht ausgesprochen hübsch, aber besonders anmutig sei. Ich weiß nicht, was das ist.

Ein freundliches Lächeln. Ein warmherziger Blick. Anmutig: nicht zu groß und nicht zu klein, nicht zu dick und nicht zu dünn. Anmut der Gestalt.

Manchmal gefällt uns jemand, weil er genau so aussieht wie alle anderen, die wir kennen, manchmal aber gerade deshalb, weil er ganz anders ist. [...]

Nicht nur ein junger Mensch kann auf einen hübschen Mund, auf freundliche Augen und auf schöne Worte hereinfallen. Früher habe ich mich oft gewundert, wenn jemand, den ich liebenswert fand, bei seinen Kameraden gar nicht beliebt war; ich habe diese sogar in dem Verdacht gehabt, sie seien eifersüchtig. Jetzt beobachte ich genauer und sehe ein, daß die Kameraden recht haben: sie wissen es besser. [...]

Jetzt glaube ich schon zu wissen, wer bei fast allen als der Liebenswerteste gilt. Keineswegs der hübscheste, der lustigste oder der begabteste – sondern vielmehr der, der gerecht, hilfsbereit und taktvoll ist.

3; 143f. 147

❖ ❖ ❖

Das unerfahrene Kind.

Es schaut neugierig in die Welt, hört eifrig zu und glaubt, was man ihm sagt.

„Ein Äpfelchen, die Tante, ein Blümchen, eine Kuh" – es hält das alles für zutreffend.

„Das ist häßlich, rühr das nicht an, das darf man nicht, das ist nicht erlaubt" – daran glaubt es wirklich. „Gib ein Küßchen, mach eine Verbeugung, bedank dich" – es tut das ohne Zögern. [...]

Es hat ein Glas zu Boden fallen lassen. Etwas sehr Verwunderliches ist geschehen. Das Glas ist verschwunden, dafür sind ganz andere Gegenstände da. Es bückt sich, nimmt Glasscherben auf, verletzt sich, es tut weh, Blut tropft vom Finger. Alles ist so voller Geheimnisse und Überraschungen.

Es schiebt einen Stuhl vor sich her. Plötzlich flimmert es

ihm vor den Augen, es erschrickt, und dann gibt es ein Krachen. Der Stuhl hat sein Aussehen verändert, und das Kind selbst sitzt auf dem Fußboden. Wieder tut es weh, und der Schreck ist groß. Die Welt ist voll von wunderlichen Dingen und Gefahren.

Es zieht an der Bettdecke, um darunter hervorzukriechen. Da es dabei das Gleichgewicht verliert, hält es sich am Kleid der Mutter fest. Es greift nach dem Bettrand, um sich aufzurichten. Um diese Erfahrung bereichert, zieht es die Tischdecke herunter. Wieder gibt es eine Katastrophe.

Es sucht nach Hilfe; denn es vermag sich selbst noch nicht zu helfen. Bei seinen Selbständigkeitsversuchen erleidet es Niederlagen. Es empfindet seine Abhängigkeit und wird ungeduldig.

Auch dann, wenn es nicht oder nur bedingt vertraut, weil man es schon oftmals getäuscht hat, ist es gezwungen, sich an die Weisungen der Erwachsenen zu halten – ebenso wie ein unerfahrener Arbeitgeber einen unredlichen Arbeiter dulden muß, weil er ohne ihn nicht auskommen kann, und wie ein Gelähmter die Hilfe eines barschen Pflegers annehmen und seine Launen ertragen muß.

Mit allem Nachdruck sei es gesagt: jede Ratlosigkeit, jede erstaunte Unwissenheit, jede fehlerhafte Anwendung von Erfahrungen, jeder verunglückte Versuch der Nachahmung und jede Abhängigkeit erinnern an das Verhalten des Kindes – unabhängig vom Lebensalter der betreffenden Person. Mühelos können wir kindliche Züge bei einem Kranken, einem Greis, einem Soldaten oder einem Gefangenen entdecken. Ein Landbewohner in der Stadt und ein Städter auf dem Land staunen auf kindliche Weise. Ein Laie stellt kindliche Fragen, ein Parvenu begeht die gleichen Taktlosigkeiten wie ein Kind.

1; 76ff.

❖ ❖ ❖

„Buben sind Menschen – und Mädchen ebenso. Es gibt also keinen Unterschied zwischen beiden."

So sagen die einen.

„Das ist nicht wahr. Mädchen sind ruhiger, gehorsamer, ordentlicher, fleißiger, zarter."

So sagen die anderen.

„Aber ich mag Buben lieber. Sie sind lustig, langweilen einen nicht, sind nicht gleich beleidigt; sie sind aufrichtiger, haben an allem größeres Interesse und lassen sich leichter überzeugen."

„Mädchen haben ein besseres Herz."

„Durchaus nicht, ein Bub ist hilfsbereit und tut einem gern etwas zulieb."

„Das ist nicht wahr."

So streiten sie und können sich nicht einig werden.

Andere wiederum behaupten:

„Es dürfte keinen Unterschied geben. Wenn sie gemeinsam lernten, gemeinsam in die Schule gingen, wären sie einander ganz und gar ähnlich."

Zum Schluß weiß niemand, wer recht hat.

Eines jedoch ist sicher:

Recht haben sowohl die, welche einen Unterschied feststellen, als auch die, welche die Ähnlichkeit betonen.

Auch zwischen dem Baum und dem Menschen besteht eine Ähnlichkeit: der Baum entsteht aus einem Samenkorn, er nimmt Nahrung zu sich, wächst, ist durstig, atmet, freut sich über die Sonne, wird alt und stirbt; auch er kann einschlafen und sich ausruhen, auch ihm kann man schaden, eine Krankheit oder eine Verletzung zufügen.

Und ein Vogel – liebt er nicht wie ein Mensch? Er trauert, er ist zornig, er hat Sehnsucht; und singt er etwa weniger schön als ein Mensch?

Und der Hund – ist er nicht ein treuer Gefährte?

Ähnlich sind den Kindern auch die Erwachsenen ...

Aber – unterscheiden sich nicht alle diese auch voneinander? Findest du unter Buben auch nur zwei, die einander in jeder Hinsicht ähnlich sind? Und sind denn alle Mädchen einander gleich?

Wenn es aber nun nur Gemeinschaftsschulen gäbe?

Es gab ja immer Koedukation, und es gibt sie noch. Trotzdem können Unterschiede zwischen Buben und Mädchen sehr groß oder nur gering sein.

Man muß streng unterscheiden zwischen dem, was die Menschen wünschen und wollen, und dem, was wirklich ist.

Also: ist ein Bub besser, oder ein Mädchen?

Jeder Mensch hat Vorzüge und Fehler; wer wüßte das nicht? Vorzüge und Fehler haben die Mädchen, aber auch die Buben. Daher sollten sie sich miteinander verständigen, einander achten, Nachsicht üben und einander gern haben.

Sehr lange war auch ich der Ansicht, daß Männer und Frauen nur deshalb unterschiedliche Wesenszüge haben, weil sie in alten Zeiten einen unterschiedlichen Rechtsstatus hatten; die jungen Männer zogen in den Krieg oder gingen auf die Jagd, die Mädchen pflegten Kranke, spannen und kochten. Daher sind die Buben kräftiger und schneller als die Mädchen, und sie lieben auch andere Spiele. Daran sind sie seit langem gewöhnt worden.

Als ich noch ein Bub war, sagten die Erwachsenen – heute hört man das schon seltener – oft und gern:

„Es schadet nichts, wenn ein Bub Unfug treibt. Soll er ruhig ein Lausbub sein. Bei einem Mädchen ist das anders."

Das klingt so, als ob ein Bub immer draufgängerisch sein müßte, ein Mädchen dagegen furchtsam; als ob ein Bub lebhaft, ein Mädchen still, ein Bub leichtsinnig, ein Mädchen nachdenklich sein müßte.

Die Mädchen beneideten die Buben, und es gab keine Eintracht. Aber die Zwietracht dauert auch heute noch an. Warum wohl?

Ich habe lange beobachtet und nachgedacht, und ich bin zu folgender Einsicht gekommen:

Es ärgert die Buben, daß die Mädchen schneller wachsen und früher reifen.

Es ist angenehm, größer zu werden. Und da bemerkt der Bub plötzlich, daß ihn das Mädchen überholt. Sie ist im gleichen Alter oder sogar jünger, sieht aber älter aus.

„Was fällt der ein? Schau an: sie spielt sich auf wie eine junge Dame."

Das heißt: sie tut erwachsen.

Der Bub leidet entweder still, oder er wird aggressiv und setzt ihr zu.

„Junge Dame", sagt er verächtlich oder auch zornig.

Manchmal macht sich das Mädchen deswegen sogar selber Kummer, und es will nicht weiter wachsen; ich kenne Fälle, in denen Mädchen nichts mehr aßen, weil sie um keinen Preis größer werden wollten. Manchmal ist ein Mädchen aber auch aufgebracht, und sie sagt:

„So ein Rotzbub."

Und schon gibt es Krieg.

Wenn der Bub gewandter und stärker ist, bemüht er sich, dem Mädchen zu zeigen, daß er trotzdem die wichtigere Person ist; wenn er schwächer ist, wird er widerborstig und tut ihr vieles gerade zum Trotz. Wenn er mit einem einzigen Mädchen Streit bekommen hat, fühlt er sich von allen verletzt.

Am schlimmsten ist es, wenn Menschen einander etwas zum Possen tun, wenn sie es in der Absicht tun, den anderen zu ärgern.

So ist es nun einmal: dem einen fällt etwas schwerer, dem anderen leichter, der eine ist gesund und kräftig, der andere schwächlich, der eine besitzt mehr, der andere weniger – aber es sollte doch wenigstens nicht so sein, daß der eine gerade über das bekümmert ist, was dem anderen Freude macht, daß der eine über das weint, worüber der andere lacht. [...]

Mädchen schlagen einander seltener: zum einen schickt es sich nicht, und zum andern bringt es die Kleider und die

Haare durcheinander; daher haben sie weniger Übung und kennen die Kampfregeln nicht. Also kneifen und kratzen sie – mit den Fingern oder mit Worten. Spott, Geheimnistuerei, Klatsch, Streitereien.

Das reizt die Buben sehr. Es sieht so aus, als seien sie aufrichtig und offen, die Mädchen aber hinterhältig.

Hier begehen die Erwachsenen einen großen Fehler, wenn sie die Mädchen in Schutz nehmen. Sie glauben, ein Schlag mit der Hand schmerze mehr als ein beleidigendes, spitzes Wort.

Hier habe ich mich geirrt: ich habe lange Zeit geglaubt, derjenige habe angefangen, der als erster zuschlug. Durchaus nicht: schuld ist immer der, welcher zuerst das böse Wort gebraucht hat.

„Unschuldslämmer, Heuchlerinnen, Mimosen, beleidigte Leberwürste, Heulsusen, Petzerinnen."

Es ist wahr, Mädchen geben sich oft besser, als sie sind. Aber auch Buben sind eigentlich unaufrichtig, denn sie geben sich schlimmer als sie sind.

3; 150ff.

Warum unterscheidet sich ein Mädchen im neutralen Alter bereits so sehr von einem Jungen?

Weil es außer der Benachteiligung durch die Kindheit noch den zusätzlichen Beschränkungen eines weiblichen Wesens unterliegt. Der Junge, der keine Rechte besitzt, weil er ein Kind ist, reißt das Privileg seines Geschlechts mit beiden Händen an sich und läßt es nicht mehr los. Er will diese Vorrechte nicht mit einem gleichaltrigen Mädchen teilen.

1; 122

❖ ❖ ❖

Das erste Stadium der Pubertätszeit: Ich bin schon wissend, aber ich empfinde noch nichts, ich spüre etwas, aber ich glaube es nicht, ich beurteile streng, was die Natur mit anderen tut; ich leide, weil ich bedroht bin, aber nicht sicher, ob ich davonkommen werde. Aber ich bin unschuldig, und wenn ich die anderen verachte, habe ich nur Angst um mich selbst.

Das zweite Stadium: im Schlaf, im Halbschlaf, im Traum, bei einem aufregenden Spiel taucht trotz allen Widerstands, trotz eigenen Abscheus und fremden Verbots immer öfter und deutlicher ein Gefühl auf, das zu dem schmerzlichen Konflikt mit der Außenwelt auch noch die Last des Konfliktes mit sich selbst bringt. Gedanken, die man von sich weist, drängen sich wie die Ankündigung einer Krankheit, wie ein erster Fieberschauer mit Gewalt auf. Es gibt eine Inkubationsperiode sexueller Empfindungen, die einen zuerst seltsam berühren und verschüchtern und die dann sogar Angst und Verzweiflung auslösen. Die Epidemie kichernd zugeflüsterter Geheimnisse erlischt, die Erregung pikanter Neuigkeiten verliert ihren Reiz, das Kind kommt in die Phase, in der es sein Herz ausschüttet, und Freundschaften vertiefen sich; das ist jene schöne Art von Freundschaft, in der elternlose, im Dickicht des Lebens verirrte Kinder schwören, einander zu helfen, einander niemals zu verlassen und sich im Unglück nicht voneinander zu trennen.

Das Kind, selbst unglücklich, neigt jetzt dazu, nicht mehr nach eingelernten Formeln, nicht mehr mit der düsteren Unruhe der Verwunderung, sondern mit warmem Mitgefühl sich jedem Elend, jedem Leid und jeder Zurücksetzung zuzuwenden. Bekümmert und allzu beschäftigt mit sich selbst, kann es nicht allzu lange Mitleid mit anderen empfinden; aber es findet einen Augenblick des Mitleids und Tränen für ein verführtes Mädchen, ein mißhandeltes Kind oder einen gefesselten Sträfling.

Jede neue Losung, jede Idee und jede starke Phrase finden in ihm einen aufmerksamen Zuhörer und einen begeisterten Parteigänger. Es liest die Bücher nicht mehr, sondern es saugt sie wie ein Süchtiger in sich hinein und betet um ein Wunder! Der liebe Gott der Kinderzeit wird später zum schuldbeladenen Gott, zum Urquell allen Unglücks und aller Laster. Er, der wohl kann, aber nicht will, stellt sich als der Gott der geheimnisvollen Macht, als Gott der Vergebung und der übermenschlichen Vernunft wieder ein. Gott wird zur stillen Zuflucht in der Stunde des Orkans.

Früher hieß es: „Wenn einen die Erwachsenen zum Beten zwingen, dann ist offensichtlich auch das Gebet eine Lüge; wenn sie einen meiner Freunde aus dem Hause weisen, dann ist niemand mehr da, der mir einen Weg weisen könnte", denn wie könnte man den Erwachsenen trauen? Jetzt ist das anders: feindliche Ablehnung macht dem Mitleid Platz. Es genügt nicht mehr, das alles einfach nur eine „Schweinerei" zu nennen; hier ist etwas unendlich Vielschichtiges verborgen. Aber was? Ein Buch zerstreut Zweifel nur scheinbar, nur für den Augenblick, und der gleichaltrige Freund ist selbst schwach und ratlos. Der Augenblick ist gekommen, da man ein Kind wieder für sich gewinnen kann; es wartet und ist bereit, unseren Ruf zu hören.

Was soll man ihm sagen? Nur nicht davon sprechen, wie Blumen befruchtet werden und Nilpferde sich vermehren, auch nicht darüber, wie schädlich Onanie ist. Das Kind spürt, daß es hier um Wichtigeres geht als um saubere Finger und ein unbeflecktes Bettuch, daß hier sein seelisches Leitprinzip, sein Wesen und seine Lebensverantwortung in Frage stehen.

Ach, wenn man doch wieder ein unschuldiges Kind sein könnte, das glaubt, vertraut und nicht nachzudenken braucht!

Ach, wenn man doch endlich erwachsen sein könnte, das „Übergangsalter" hinter sich lassen, wie alle anderen sein könnte!

1; 144f.

❖

Diese unerfahrene Jugend glaubt noch, sie könne Zuneigung und Widerwillen, Achtung und Abscheu – ihren Gefühlen entsprechend – ganz offen zeigen.

Diese unerfahrene Jugend glaubt, sie könne von sich aus Beziehungen anknüpfen oder abbrechen, überkommene Formen beachten oder geringschätzen, mit Gewohnheitsrechten einverstanden sein oder sich ihnen entziehen.

„Ich pfeif' drauf, das kümmert mich nicht, sollen sie doch reden, ich will ganz einfach nicht, was geht mich das an?"

1; 148

❖

Das Verhältnis der sogenannten reifen Leute zu Jugendlichen ist, schlicht gesagt, nicht loyal. Wir geben den Kindern mit vollen Händen Rat und Hinweise. Wir sind so erfahren, so klug, nach der Überzeugung der Kinder – allwissend. Wir können vorbeugen, vorsehen, wir machen Prophezeiungen, jeder Situation sind wir gewachsen, wir sind umhüllt vom Nimbus der Autorität. Darum hat die Jugend das Recht zu fordern, daß wir dem Kern ihrer Konflikte und Streitigkeiten mit der Welt und mit sich selbst auf den Grund gehen, daß wir immer für sie da sind und ihr wachsam mit Rat und Tat zur Seite stehen. Und siehe da, zu ihrem Erstaunen und Bedauern muß sie sich davon überzeugen, daß wir vortäuschen, nichts bemerkt zu haben oder daß wir uns feige abwenden und darüber hinweggehen. Dafür mischen wir uns desto lästiger in Kleinigkeiten ein und geben Befehle, ihre materielle Abhängigkeit dabei ausnützend, das einzige, was ihr noch geblieben ist. [...]

Es ist nicht die Schuld der Erwachsenen, daß sie nicht wissen und nicht können, ihre Schuld liegt darin, daß sie dies vor den Kindern verschweigen. Im Angesicht des All, seiner Geheimnisse und ehernen Gesetze, die in ihm herrschen, sind wir wie die Kinder gleich hilflos, bekümmert und unwichtig. Wenn wir die Kinder nicht täuschen, nicht betrügen würden, durch unsere Macht nicht irreführen, sie würden viel eher verstehen, was die Jugend sonst nur erraten kann.

7; 127

KINDERRECHTE

Bereits im Jahre 1919 stellte Korczak seine Charta der Menschenrechte der Kinder auf, noch bevor der Völkerbund in Genf 1924 in einer „Erklärung der Kinderrechte" die Absicht dokumentierte, Kinder besonders schützen zu wollen. Erst im Jahre 1989 verabschiedeten die Vereinten Nationen aufgrund einer polnischen Initiative die „Konvention über die Rechte des Kindes", die in 187 Ländern der Erde ratifiziert wurde und dadurch eine rechtliche Absicherung erfuhr.

Korczak fordert eine „Magna Charta Libertatis", ein Grundgesetz für das Kind. In seinen Büchern „Das Recht des Kindes auf Achtung" und „Wie man ein Kind lieben soll" formuliert er eine Vielzahl von Rechten wie z. B. das Recht des Kindes auf Liebe, auf Achtung, auf optimale Bedingungen für sein Wachstum und seine Entwicklung; das Recht des Kindes, in der Gegenwart zu leben, es selbst zu sein, das Recht auf Fehler oder zu versagen, das Recht auf Geheimnisse oder darauf, daß man seinen Schmerz respektiert, das Recht auf Zwiesprache mit seinem Gott. Das Kind hat ein Recht auf Erziehung, aber auch das Recht, sich erzieherischen Einflüssen zu widersetzen. Weiter finden wir das Recht auf Unwissenheit und das Recht, ernst genommen zu werden.

Das Kind ist für Korczak als gleichberechtigtes Mitglied der Gesellschaft zu respektieren. Die Achtung des Kindes durch den Erwachsenen lehrt das Kind, andere Menschen zu achten. Wer Kindern Rechte zugesteht, erkennt ihren Anspruch auf menschliche Würde, auf Achtung und Vertrauen an.

Zum Zeitpunkt seines Todes war Korczaks Deklaration der Rechte des Kindes noch nicht abgeschlossen. Dennoch lassen sich drei Grundrechte herausarbeiten:

Im **Recht des Kindes auf seinen Tod** *kommt Korczaks Wertschätzung der kindlichen Erfahrung im Hinblick auf die Entwicklung zum Ausdruck. Kinder benötigen Freiräume für eigene Erfahrungen, Selbstbestimmung und Eigenständigkeit, auch wenn dies gewisse Risiken mit sich bringt. Kinder sind oft Gefangene der Ängste ihrer Eltern, und auch ein Übermaß an Fürsorge, inzwischen „overprotection" genannt, kann einengend wirken. Die Möglichkeit, Erfahrungen am eigenen Leib machen zu können, soll nach Korczak jedoch nicht durch einen gänzlichen Mangel an Aufsicht ersetzt werden. Kinder brauchen ein „offenes Fenster", d. h. ein Gefühl für Freiheit.*

Im **Recht des Kindes auf den heutigen Tag** *wird der absolute Wert der Kindheit betont, als Teil des wirklichen Lebens und nicht als Vorbereitung auf das Leben der Erwachsenen. Wer die Kindheit überspringen will, wird nach Korczak sein Ziel verfehlen. Wir Eltern und Erzieher glauben zu wissen, was unsere Kinder in Zukunft brauchen. Wir wollen unsere Kinder auf die Zukunft vorbereiten, damit sie den Anforderungen des Lebens gewachsen sind. Kinder haben jedoch Bedürfnisse im Hier und Jetzt. Sie leben, handeln und entscheiden heute und nicht erst morgen, wenn sie „groß" sind. Eltern und Erzieher sind verantwortlich für den heutigen Tag und sollen heute Rechenschaft ablegen – über jede Stunde. Der heutige Tag muß nicht erst durch das Morgen legitimiert werden, sondern muß als Wert für sich stehen können.*

Das dritte Grundrecht ist das **Recht des Kindes, so zu sein, wie es ist.** *Nicht elterliche Wünsche oder der Ehrgeiz von Erziehern dürfen Maßstab für den Entwicklungsweg des Kindes sein, sondern die ihm vorgegebenen körperlichen und seelischen Möglichkeiten. Das Kind ist in seiner äußeren Erscheinung zu achten und in dem, was es denkt. Kinder sind*

Menschen, keine Puppen. Sie haben das Recht auf Mittelmäßigkeit. Es geht nicht darum, wie das Kind sein **soll,** sondern wie es sein **kann.** Eltern und Erzieher sollten das Kind zunächst einmal kennenlernen und ihre trügerische Sehnsucht nach vollkommenen Kindern aufgeben, dafür aber das Kind in seiner **Einmaligkeit** ernst nehmen.

Diese Grundrechte schützen nicht nur Kinder, sondern auch Erwachsene vor jeder Art von Mißbrauch. Sie können Erwachsenen helfen, eine Haltung aufzubauen, die auf die Prinzipien von Achtung und Vertrauen gründet. Die Kinderrechte schützen Erwachsene und Kinder gleichermaßen vor Überbehütung, vor einer Verschiebung der Gegenwart in die Zukunft und davor, dem Kind überhöhte Ideale aufzubürden.

Das Recht des Kindes auf Achtung und die uneingeschränkte Liebe sind Korczaks pädagogisches Credo.

Deshalb fordere ich, endlich aufzuhören mit dem falschen Schein unseres zärtlichen und duseligen, geradezu gnädigen Verhältnisses zum Kind, statt dessen sollte man fragen, welche Rechte es hat.

7; 104

Ich fordere die Magna Charta Libertatis, als ein Grundgesetz für das Kind. Vielleicht gibt es noch andere – aber diese drei Grundrechte habe ich herausgefunden:

1. Das Recht des Kindes auf seinen Tod,
2. Das Recht des Kindes auf den heutigen Tag,
3. Das Recht des Kindes, so zu sein, wie es ist.

Man muß die Kinder kennen, um bei der Gewährung dieser Rechte möglichst wenig falsch zu machen. Irrtümer müssen sein. Seien wir nicht ängstlich: das Kind selbst wird sie mit erstaunlicher Wachsamkeit korrigieren, wenn wir seine unschätzbaren Fähigkeiten und mächtigen Abwehrkräfte nicht schwächen.

Wir haben ihm zu viel oder Ungeeignetes zu essen gegeben: zuviel Milch – ein nicht mehr frisches Ei – es hat erbrochen. Wir haben ihm ein unverdauliches Wissen zu vermitteln versucht – es hat es nicht begriffen; einen nutzlosen Rat gegeben – es hat ihn nicht verstanden und ihn nicht befolgt. Es ist keine leere Phrase, wenn ich sage: zum Glück für die Menschheit können wir Kinder nicht dazu zwingen, erzieherischen Einflüssen und didaktischen Anschlägen auf ihren gesunden Menschenverstand und ihren Willen nachzugeben.

1; 40

❖

Wer das Kind liebt, der unterdrückt es nicht. [...]

Mit dem Heranwachsen gewinnt das Kind Rechte. Freier, mit

der Möglichkeit der Befreiung von den Fesseln der gleichaltrigen Gesellschaft, schon mit der Macht über die Jüngeren, sieht es dem Moment der endgültigen Befreiung entgegen.

7; 38

❖

Ich hatte begriffen, daß Kinder eine Macht sind, die man zur Mitwirkung ermuntern und durch Geringschätzung verletzen kann, mit der man aber auf jeden Fall rechnen muß.

1; 247

❖

Wir achten das Kind gering, weil es noch nicht viel weiß, noch nicht scharfsinnig ist, noch keine Vorahnungen hat.

Es weiß nichts von den Schwierigkeiten und Verwirrungen im Leben der Erwachsenen, es weiß nicht, warum wir manchmal aufgeregt, mutlos und abgespannt sind, warum unser Friede gestört ist und warum wir schlechte Laune haben: es kennt keine völligen Niederlagen und Bankrotterklärungen. Es ist nicht schwer, das arglose Kind in Sicherheit zu wiegen, es zu täuschen und ihm zu verheimlichen, was es nicht erfahren soll.

3; 11

❖

Von frühester Kindheit an wachsen wir in dem Gefühl auf, daß das Große mehr Bedeutung hat als das Kleine.

„Ich bin groß", freut sich das Kind, wenn man es auf einen Tisch stellt. – „Ich bin größer als du", stellt es stolz fest, wenn es neben einem Gleichaltrigen steht und seine Größe an ihm mißt.

Wie beschämend ist es, wenn man sich auf Zehenspitzen hoch empor reckt und doch nicht weit genug hinauflangen kann; wie fällt das schwer, mit kleinen Schritten hinter den Großen herzulaufen, und aus der kleinen Hand rutscht das

Glas so leicht. Ungeschickt und mühsam klettert es auf den Stuhl, in das Fahrzeug oder die Treppen hinauf; es kann den Griff nicht erreichen, nicht aus dem Fenster gucken, kein Kleidchen und kein Bild herabnehmen oder wieder aufhängen – das ist ja alles viel zu hoch. In der Menge wird es verdeckt, übersehen, gestoßen. Es ist schon sehr unbequem klein zu sein.

Achtung und Bewunderung erweckt nur das, was groß ist und mehr Platz einnimmt. Klein – das bedeutet alltäglich und wenig interessant. Kleine Leute, kleine Bedürfnisse, kleine Freuden und kleine Traurigkeiten.

Das macht Eindruck: eine große Stadt, gewaltige Berge, ein hochgewachsener Baum. Wir sagen:

„Eine große Tat, ein großer Mensch."

Ein Kind ist klein, sein Gewicht gering, es ist nicht viel von ihm zu sehen. Wir müssen uns schon zu ihm hinunterneigen. Und was noch schlimmer ist, das Kind ist schwach.

Wir können es hochheben, in die Luft werfen, es gegen seinen Willen irgendwohin setzen, wir können es mit Gewalt im Lauf aufhalten – wir können all sein Bemühen vereiteln.

3; 7

❖

Wodurch unterscheidet sich der geistige Organismus des Kindes von dem unsrigen? Wie ist er geartet, wessen bedarf er, und welche nicht wahrnehmbaren Möglichkeiten birgt er in sich? Wie steht es um jene Hälfte der Menschheit, die mit uns und neben uns in tragischem Zwiespalt lebt? Wir belasten sie mit den Pflichten des Menschen von morgen, ohne ihr die Rechte des Menschen von heute zuzugestehen.

1; 73

❖

Habt Achtung vor der Wißbegierde und dem Erkenntnisdrang des Kindes!

Habt Achtung vor Kummer und Tränen. Wir sollten nicht nur den zerrissenen Strumpf beachten, sondern auch das aufgeschürfte Knie, nicht nur über das zerschlagene Glas lamentieren, sondern die Schnittwunde am Finger sehen, den blauen Fleck, die Beule, den Schreck, den Schmerz. [...]

Wir sollten Achtung haben vor den Geheimnissen und Schwankungen der schweren Arbeit des Wachsens!

9; 37f.

❖

Es hatte sich bei mir noch nicht die Einsicht herausgebildet und bestätigt, daß es das erste und unbestreitbare Recht des Kindes ist, seine Gedanken auszusprechen und aktiven Anteil an unseren Überlegungen und Urteilen über seine Person zu nehmen. Wenn wir ihm Achtung und Vertrauen entgegenbringen und wenn es selbst Vertrauen hat und sich ausspricht, wozu es das Recht hat – wird es weniger Zweifel und Fehler geben.

1; 40f.

❖

Keinem bleiben die Fehler erspart, die ihren Ursprung in dem gewohnten Zwang herkömmlicher Begriffe haben, in der Annahme allgemeingültiger Verhaltensweisen, in dem üblichen Verhältnis zu Kindern als zu niederen Wesen, die unzurechnungsfähig sind und uns in ihrer naiven Unerfahrenheit belustigen.

Geringschätzig, spöttisch oder gönnerhaft wirst du dich ihren Sorgen, Wünschen und Fragen gegenüber verhalten und damit immer irgendein Kind empfindlich verletzen.

Ein Kind hat das Recht, zu verlangen, daß man seinen Kummer ernst nimmt, und sei es den um ein verlorenes Steinchen.

1; 180

❖

Laßt uns Achtung fordern für die hellen Augen, die glatten Schläfen, die Anstrengung und die Zuversicht der Jugend. Aus welchen Gründen sollten trübe Augen, eine faltige Stirn, schütteres graues Haar und gebeugte Resignation verehrungswürdiger sein? [...]

Wir sollten Achtung haben, wenn nicht gar Demut, vor der hellen, lichten, unbefleckten, seligen Kindheit.

3; 36f.

❖

Ein Kind hat das Recht zu wollen, zu mahnen, zu fordern – es hat das Recht zu wachsen und zu reifen und wenn es reif geworden ist, Früchte zu bringen. Das Ziel der Erziehung aber ist: nicht lärmen, die Schuhe nicht zerreißen, gehorchen und Befehle ausführen, nicht kritisieren, sondern glauben, daß alles das nur seinem Wohle dient.

1; 159

❖ ❖ ❖

Die heiße, einsichtige und ausgeglichene Liebe der Mutter zu ihrem Kinde muß diesem das Recht auf einen frühzeitigen Tod zugestehen, das Recht zur Beendigung seines Lebenslaufes nicht nach sechzig Umdrehungen der Erde um die Sonne, sondern nach einem oder auch nur drei Frühjahren. Ein grausames Ansinnen an jene, die Mühen und Kosten eines Kindbettes nicht öfter als ein- oder zweimal auf sich nehmen wollen.

„Der Herr hat's gegeben – der Herr hat's genommen", sagt das natürlich empfindende, einfache Volk, das weiß, daß nicht jedes Samenkorn eine Ähre hervorbringt, nicht jedes Küken lebensfähig zur Welt kommt, nicht jeder Setzling zu einem Baum heranwächst.

Die Meinung besteht, daß eine um so kräftigere Generation am Leben bleibt und heranwächst, je größer die Kindersterblichkeit unter dem Proletariat ist. Nein: die schlechten Lebensbedingungen, die schwachen Kindern den Tod bringen, schwächen auch die kräftigen und gesunden. Wahr scheint mir dagegen zu sein, daß ein Kind um so ungünstigere Bedingungen für seine körperliche und geistige Entwicklung vorfindet, je mehr eine Mutter aus vermögenden Kreisen durch den Gedanken an einen möglichen Tod des Kindes erschreckt wird. Wie oft habe ich in einem mit weißer Ölfarbe gestrichenem Zimmer inmitten von weißlackiertem Gerät, weiß gekleidet und von weißem Spielzeug umgeben ein blasses Kind gesehen, und ich habe dabei quälend empfunden: in diesem unkindlichen Zimmer, das eher einem Operationssaal gleicht, muß ja eine blutleere Seele in einem blutarmen Körper aufwachsen. [...]

Aus Furcht, der Tod könnte uns das Kind entreißen, entziehen wir es dem Leben; um seinen Tod zu verhindern, lassen wir es nicht richtig leben. Selbst in der verderblichen Atmosphäre lähmenden Wartens auf das, was kommen soll, aufgewachsen, eilen wir ständig einer Zukunft voller Wunder entgegen. Träge wie wir sind, wollen wir das Schöne nicht heute und hier suchen, um uns zum würdigen Empfang des morgigen Tages zu rüsten: Sondern das Morgen selbst soll uns neuen Aufschwung bringen. Bedeutet denn jenes: „Ach, wenn es doch schon laufen und sprechen könnte" etwas anderes als hysterisches Warten?

Es wird laufen, es wird sich an den harten Kanten von Eichenholzstühlen stoßen. Es wird sprechen, es wird mit seiner Sprache das Stroh des grauen Alltags dreschen. Warum sollte denn das „Heute" des Kindes schlechter und wertloser als sein „Morgen" sein? Wenn es um die Mühen geht – das Morgen wird noch mehr davon bringen. [...]

Das Bangen um das Leben des Kindes verbindet sich mit der Furcht, es könnte sich verletzen. Und diese Furcht wiederum ist mit der Sorge um die zur Aufrechterhaltung der Gesundheit notwendige Sauberkeit verknüpft. Hier nun wird die Laufkette der Verbote auf ein neues Schwungrad übertragen: Sauberkeit und Unversehrtheit des Kleides, der Strümpfe, der Krawatte, der Handschuhe und der Schuhe; schon geht es nicht mehr um das Loch in der Stirn, sondern um das in der Hose. Nicht Gesundheit und Wohl des Kindes, sondern unser Ehrgeiz und unser Geldbeutel spielen die Hauptrolle. Eine neue Laufkette von Verboten und Geboten setzt das Rad unserer eigenen Bequemlichkeit in Gang.

„Lauf nicht so, du gerätst noch unter die Pferde. Lauf nicht, denn du kommst ins Schwitzen. Lauf nicht, denn du machst dich schmutzig. Lauf nicht, denn mir tut der Kopf weh!"

(Und doch gestatten wir den Kindern grundsätzlich das Laufen: es ist die einzige Lebensäußerung, die wir zulassen.)

Diese ganze monströse Maschine ist Jahr für Jahr in Tätigkeit, um den Willen zu zerstören, die Energie zu zermahlen und die Lebenskraft des Kindes in Rauch aufgehen zu lassen. [...]

Es ist nun nicht etwa so, daß ich es gutheiße, ein Übermaß an Fürsorge durch einen gänzlichen Mangel an Aufsicht zu ersetzen.

1; 41, 44f., 48

❖

Wenn von einhundertfünfzig ein Junge so gut schwimmen kann, daß ihm keine Gefahr droht – er wohnt an der Weichsel, verbringt den halben Tag im Wasser und schwimmt ohne Mühe über den Fluß –, und wenn es die anderen Kinder zulassen, kannst du ihm sogar erlauben, allein baden zu gehen. Du mußt eben den Mut aufbringen, ein bißchen Angst um sein Leben auf dich zu nehmen.

1; 270

❖

Die Kinder haben freien Zugang zu meinem Zimmer. Von vornherein ist verabredet: man wird spielen dürfen oder sich nur halblaut unterhalten, oder es herrscht absolute Stille. Für den Empfang der Gäste habe ich einen kleinen Stuhl, einen kleinen Sessel und ein Schemelchen. Es gibt drei Fenster, die aneinanderstoßen; das mittlere ist offen; die Fensterbretter sind niedrig, 30 cm über dem Fußboden. Seit einer Reihe von Jahren stelle ich täglich Stuhl, Sessel und Schemel entfernt vom offenen Fenster auf, es kommt vor, daß ich sie irgendwo in der Ecke verstecke. Und täglich am Abend stehe ich unverändert am offenen Fenster. Manchmal sehe ich, wie sie sie sofort mit entschiedener Bewegung verrücken, bisweilen still und vorsichtig, fast verstohlen. Meistens weiß ich nicht, wie das geschah. An verschiedenen Stellen habe ich illustrierte Wochenzeitungen ausgelegt, und ich habe den Zugang zum Fenster durch Blumentöpfe erschwert. Und ich freute mich, wie pfiffig sie den Versuchungen ausweichen und die Hindernisse beseitigen; das offene Fenster siegt; selbst wenn es windig ist, selbst wenn es regnet, wenn es kalt ist. Der Tropismus, der den Wasserpflanzen gebietet, sich hier oder dort zu sammeln, der befiehlt, sich bis zur Kristallisierung der chemischen Verwandtschaft so und nicht anders zu verbinden; das Gesetz, das das Kartoffelkraut sich im Keller an der Mauer zum vergitterten Fenster hochklimmen läßt – und das gleiche Gebot, das entgegen menschlichen Verboten, den Gefangenen zum Fenster treibt, damit er ins freie Gelände schauen kann.

Das Kind braucht Bewegung, Luft, Licht – einverstanden, aber auch noch etwas anderes. Den Blick ins Gelände, das Gefühl der Freiheit – ein offenes Fenster.

6; 35

❖

Die Tür – es quetscht sich den Daumen, das Fenster – es lehnt sich hinaus und fällt, ein Obstkern – es bekommt keine Luft mehr, ein Stuhl – es kippt ihn um und gerät unter ihn, ein

Messer – es verletzt sich schwer, ein Stock – es sticht sich ein Auge aus, es hat eine Schachtel aufgehoben – es infiziert sich, ein Streichholz – Feuer, es brennt sich.

„Du wirst dir die Hand brechen, man wird dich überfahren, der Hund wird dich beißen. Iß keine Pflaumen, trink kein kaltes Wasser, geh nicht barfuß, lauf nicht in der brennenden Sonne herum, knöpf den Mantel zu, bind den Schal um. Siehst du, warum hast du nicht gefolgt. Nun mußt du hinken, nun tun dir die Augen weh. Um Gottes willen! Du blutest ja! Wer hat dir denn ein Messer gegeben?"

Ein Schlag verursacht nicht nur eine Beule, sondern läßt auch eine Gehirnentzündung befürchten, Erbrechen zeugt nicht von der Unverdaulichkeit einer Mahlzeit, sondern weist auch auf eine nahende Scharlacherkrankung hin. Überall lauern Fallen und Gefahren, alles ist bedrohlich und unheilverkündend.

Und wenn nun ein Kind das alles glaubt und nicht heimlich ein Pfund unreife Pflaumen ißt oder irgendwo in einem Winkel – mit klopfendem Herzen – mit Streichhölzern spielt, nachdem es die Wachsamkeit der Erwachsenen eingeschläfert hat, wenn es gehorsam, passiv und vertrauensvoll sich der Forderung unterwirft, jeder Erfahrung aus dem Wege zu gehen, jedem Wagnis zu entsagen und die Mühen jeder Willensregung zu vermeiden, was wird es dann tun, wenn es in seinem Inneren etwas verspürt, was verwundet, brennt und beißt?

1; 43

❖ ❖ ❖

Wir sollten auch die gegenwärtige Stunde achten, den heutigen Tag. Wie soll es morgen leben können, wenn wir es heute nicht bewußt, verantwortungsvoll leben lassen?

Wir sollten nicht treten, nicht vernachlässigen, nicht das Morgen fesseln, es nicht auslöschen, nicht eilen, nicht hetzen.

Wir sollten jeden einzelnen Augenblick achten, denn er stirbt und wiederholt sich nicht, und immer sollten wir ihn ernst nehmen; wird er verletzt, so bleibt eine offene Wunde zurück, wird er getötet, so erschreckt er uns als ein Gespenst böser Erinnerungen.

Lassen wir das Kind doch unbeschwert die Freude des frühen Morgens genießen und vertrauen. Das Kind will es eben so. Die Zeit ist ihm nicht zu schade für ein Märchen, für ein Gespräch mit seinem Hund, fürs Ballspielen, fürs genaue Betrachten eines Bildes, fürs Nachzeichnen eines Buchstabens – aber all das mit Freude. Es hat recht. In unserer Naivität fürchten wir den Tod und wissen nicht, daß das Leben ein Reigen vergehender und wieder neu entstehender Augenblicke ist. Ein Jahr – das ist nur der Versuch, die Ewigkeit im Alltag zu begreifen. Ein Augenblick dauert so lange wie ein Lächeln oder ein Seufzer. Eine Mutter möchte ihr Kind erziehen; aber dies wird sie nicht erwarten: daß ständig eine andere Frau einen anderen Menschen verabschiedet und begrüßt.

Unbeholfen teilen wir die Jahre in mehr oder weniger reife auf; es gibt gar kein unreifes Heute, keine Hierarchie des Alters, keinen höheren oder tieferen Rang des Schmerzes und der Freude, der Hoffnung und Enttäuschung. Wenn ich mit einem Kind spiele oder spreche – dann haben sich zwei gleichwertig reife Augenblicke in meinem und in seinem Leben verbunden; wenn ich mit einer Kinderschar zusammen bin, dann begrüße oder verabschiede ich immer ein einzelnes einen Augenblick lang mit einem Blick oder einem Lächeln. Wenn ich in Gegenwart eines Kindes ärgerlich bin, dann vergewaltigt und vergiftet nur mein böser, rachsüchtiger Augenblick den reifen und wichtigen Augenblick in seinem Leben.

Verzichten um des Morgens willen?

3; 28f.

❖

Man gestattet unseren Kindern nicht, nach eigenem Willen und Verstand zu leben. Wir bereiten sie ständig auf das zukünftige Leben vor, wenn sie erwachsen sein werden, inzwischen schmälern wir ihre Rechte und schränken sie ein. Es wird immer im Namen ihrer Erziehung und ihres Schutzes gehandelt, aber tatsächlich für die eigenen Belange und aus Bequemlichkeit. [...]

Aber dies alles und vieles andere bewirkt, daß das Kind schnell erwachsen sein will, wachsen, sich befreien, die Fesseln abwerfen, unabhängig sein, zu sich selbst zurückfinden will. Sie warten und träumen – endlich ein Ende der Sklaverei, endlich die erträumte Freiheit.

7; 41

❖

Wer die Kindheit überspringen will und dabei in die fernliegende Zukunft zielt – wird sein Ziel verfehlen.

6; 20

❖

Warum sollte denn das „Heute" des Kindes schlechter und wertloser als sein „Morgen" sein? Wenn es um die Mühen geht – das Morgen wird noch mehr davon bringen.

Und wenn dieses Morgen endlich da ist, warten wir erneut; denn die grundsätzliche Meinung, das Kind sei noch nichts, sondern es werde erst etwas, es wisse noch nichts, sondern es werde erst etwas wissen, es könne noch nichts, sondern werde erst etwas können, zwingt uns ja zu ständigem Warten. [...]

Um der Zukunft willen wird gering geachtet, was es heute erfreut, traurig macht, in Erstaunen versetzt, ärgert und interessiert. Für dieses Morgen, das es weder versteht, noch zu verstehen braucht, betrügt man es um viele Lebensjahre.

„Kinder und Fische haben keine Stimme. – Du hast Zeit, warte, bis du groß wirst. – Oho, hast ja lange Hosen an, du hast ja schon eine Uhr. Laß mal sehen, dir wächst ja schon der Bart."

Und das Kind denkt:

„Ich bin nichts – aber was sind die Erwachsenen! Nun bin ich schon ein bißchen älter und immer noch nichts. Wieviel Jahre soll ich noch warten? Wenn ich nur erst erwachsen wäre …"

Es wartet und lebt so vor sich hin, es wartet und kann nicht frei atmen, es wartet und erwartet etwas, es wartet und schluckt seinen Speichel herunter. Die schöne Kindheit – nein, sie ist nur langweilig; und wenn es ein paar schöne Augenblicke gibt, dann sind sie ertrotzt und öfter noch erlistet.

1; 44ff.

❖

Ich bin verantwortlich für den heutigen Tag meines Zöglings, es ist mir kein Recht gegeben, sein zukünftiges Schicksal zu beeinflussen und mich da einzumischen.

Aber dieser heutige Tag soll heiter sein, voll froher Anstrengungen, kindlich, sorglos, ohne Verpflichtung, die über das Alter und die Kräfte hinausgeht.

6; 60

❖

Pasteur liebte Kinder sehr. Einmal sagte er:

– Wenn ich mich mit einem Kind beschäftige, habe ich zwei Empfindungen: Zuneigung für das, was es heute ist und Achtung vor dem, was es werden kann.

Wenn er das sagte, erinnerte sich Pasteur wahrscheinlich an seine eigene Kindheit, als er lieber fischte als zu lernen, als er malte und nicht wußte, was er werden wollte, wenn er erwachsen sei, als er eine Menge Fragen stellte, weil er alles gut verstehen wollte, und er erinnerte sich daran, wie er anfing, sich der Wissenschaft zu widmen und dann nicht mehr ohne sie leben konnte.

7; 135

❖

Schwach, klein, arm, abhängig – ein Staatsbürger wird es erst. Wir behandeln es mit Mitleid, Schroffheit, Grobheit und wenig Achtung. Ein Lümmel, ein Kind nur, erst in Zukunft ein Mensch, jetzt noch nicht. Und das trifft zu.

3; 13

❖

Es gibt gewissermaßen zwei Leben: das eine angesehen und geachtet, das andere nachsichtig geduldet und von geringerem Wert. Wir sprechen von dem zukünftigen Menschen, dem zukünftigen Arbeiter und dem zukünftigen Staatsbürger. Das liegt noch in weiter Ferne, das beginnt wahrhaftig erst später, das wird erst in Zukunft ernst. Wir lassen gnädig zu, daß die Kinder sich an unserer Seite tummeln, bequemer ist es jedoch ohne sie.

Nein, sie waren in jedem Fall immer da und werden es auch in Zukunft sein. Sie haben uns nicht unerwartet und nur für kurze Zeit überfallen. Die Kinder – sie sind kein flüchtiges Zusammentreffen mit einem Bekannten, den man in der Eile übersehen und mit einem Lächeln und einem Gruß leicht wieder los werden kann. Die Kinder machen einen hohen Prozentsatz der Bevölkerung, der Menschheit, der Nation, der Einwohnerschaft, der Mitbürger aus. Sie sind ständige Gefährten. Sie waren da, sie sind da, und sie werden immer da sein.

Gibt es ein Leben nur so zum Scherz! Nein, das Kindesalter – das sind lange, wichtige Jahre des menschlichen Lebens.

3; 23

❖

Die Hilfe, die die Kinder dem Erzieher leisten, kann ganz uneigennützig sein. Ein Kind hilft, weil es helfen will, aber es hilft heute, weil es das heute will; für morgen kann es noch nichts versprechen.

1; 167

❖ ❖ ❖

Und hier noch ein Beispiel – dieses ist nicht aus dem Leben genommen, sondern ich habe es mir ausgedacht: Stellt Euch vor, der berühmte Komponist Grieg, oder Paderewski, Reszke oder Ibsen – haben einen Sohn.

– Was möchtest Du werden? – fragen Vater Grieg, Reszke oder Ibsen ihren Sohn.

– Ich möchte Schornsteinfeger werden.

– Mein Kind, bedenke – sagt der berühmte Vater – durch meinen Namen, meine Beziehungen und mein Vermögen kannst Du eine ganz andere Stellung im Leben einnehmen.

– Mein Papachen, entweder erlaubst Du mir, Schornsteinfeger zu werden, oder ich erschieße mich.

Und stellt Euch vor, der Vater erlaubte dem Sohn, Schornsteinfeger zu werden. Ich bin fest davon überzeugt, daß dieser junge Mann einer der glücklichsten Menschen der Welt geworden ist. Die vom Vater geerbte Intelligenz würde er für die Tätigkeit des Schornsteinfegens einsetzen, eine neue Methode für das Hinabsteigen in die Schornsteine erfinden, auch einen Spezialstoff für die Arbeitsanzüge der Schornsteinfeger, er würde ein Orchester und eine Gesellschaft für Schornsteinfeger gründen, er würde Vorsitzender der Kasse der Witwen und Waisen von Schornsteinfegern werden, er würde das Niveau dieses Gewerbes auf der ganzen Welt heben, seine Kollegen würden ihn verehren, seine Nachfolger würden ihn in Ehren halten.

Was würde jedoch geschehen, wenn der Jüngling seine Ideale, die ihn so tief ergriffen haben, dem Willen des Vaters opfern würde?

Wäre er Komponist geworden, würde man ihn halblaut loben, bis jemand, ein bißchen kühner von Natur aus, rufen würde: „Schornsteinfeger hätte er werden sollen."

Und er würde (in hilflosem Schmerz) an seinen Kleidern herumnesteln, gebrochen, unglücklich. Und wieviel mehr Enttäuschungen würden ihn erwarten, wenn er eine finanzielle oder diplomatische Laufbahn eingeschlagen hätte – drei- und viermal so unglücklich wäre er geworden. [...]

Ich wende mich jetzt an die Eltern.

Eltern!

Wenn Ihr kleine Kinder habt, versucht, sie auszuhorchen, was sie werden wollen, versucht, in ihnen Interessen wachzurufen.

Eltern!

Wenn Ihr große Kinder habt, stört sie nicht in ihren Vorhaben.

Wenn Euer Jan nicht schon in den Kinderjahren Fliegen, Goldfische, Katzen heilt, wenn er nicht seine Hosen, Kakerlaken und Bücher zerschneidet; wenn er nicht ein einziges Mal seine jüngeren Geschwister mit giftigen Pilzen, wilden Beeren oder anderen Spezialitäten versorgt – drängt ihn nicht zum Medizinstudium.

Wenn Euer Wazek seinen Pudel, sein Schwesterchen, das Dienstmädchen, das die Vase – ein Andenken an die Großmutter – zerdeppert hat, nicht vor Strafe schützt, erlaubt ihm nicht, Anwalt zu werden, um so weniger, wenn er ein Wahrheitsfanatiker ist.

Wenn Ihr anders handelt, beschwört Ihr auf Euch und Eure Nachkommen ein Unglück herauf.

6; 115ff.

❖

Wie selten ist ein Kind grad so, wie wir es haben möchten, wie oft geht das Gefühl der Enttäuschung Hand in Hand mit dem Größerwerden.

„Es müßte doch längst …"

Als Anerkennung für alles, was wir ihm gutwillig geben, sollte es unsere Mühe belohnen, verständig sein, sich fügen und verzichten lernen; vor allem aber sollte es dankbar sein.

3; 16

❖

Ein Kind hat das Recht jemanden zu belügen, einem etwas abzulisten, einem etwas abzunötigen, einen zu bestehlen. Es hat
indessen nicht das allgemeine Recht, zu lügen, abzulisten, zu
erzwingen, zu stehlen.

Wenn es kein einziges Mal als Kind Gelegenheit hatte, Ro-
sinen aus dem Kuchen zu klauben und sie heimlich zu na-
schen, ist es nicht ehrlich; dann wird es auch nicht ehrlich
sein, wenn sein Charakter gereift ist.

1; 205

KINDER-ERZIEHER

Pädagogik ist für Korczak die Wissenschaft vom Menschen, nicht die Wissenschaft vom Kind. Korczak hat eine hohe Meinung von der Bedeutung der Erziehung – die pädagogische Praxis seiner Zeit empfindet er demgegenüber als etwas, bei dem es konsequent darum gehe, „alles einzuschläfern, zu unterdrücken und auszumerzen, was Willen und Freiheit des Kindes ausmacht, seine Seelenstärke, die Kraft seines Verlangens und seiner Absichten". Erziehung ist für ihn ein kreativer Prozeß – suchendes Fragen und grenzenloses liebevolles Interesse , und ihre Macht ist ihm unbestritten, wenn auch ambivalent. Unter Erziehung versteht er den „Einfluß der Eltern, [...] der Umgebung, der Leute, der Welt, der Literatur, des Lebens". Armes Kind, wenn es z. B. der Familie nicht gelingt, das „Steuer der Erziehung in die Hand zu nehmen" und dem Leben des Kindes eine Richtung zu geben – dann nämlich „ist die Seele des Kindes auf die Gnade des Schicksals angewiesen".

Vor dieser Aufgabe haben nach Korczak viele Eltern kapituliert und die Erziehungsfunktion an andere abgegeben, an Erzieherinnen, Lehrer und sonstige Erziehungspersonen, denen er vorwirft, voreingenommen zu sein und die Herzen der Kinder zu übersehen. Korczak, so mag es scheinen, läßt an den erwachsenen Erziehern kein gutes Haar. Bissig bezeichnet er das Verhältnis zwischen Kindern und Erwachsenen als einen Krieg, ein Krieg mit ungleichen Gegnern. Er schildert diesen Krieg in seinen Kinderbüchern mit größter Genauigkeit mit den Augen und im Interesse der Kinder. „Verteidigt die Kinder", so ein Buchtitel, wird zu seinem Schlachtruf:

*Verteidigt die Kinder gegen diesen Typus von Erwachsenen,
der den Kindern ihre Kindheit stiehlt und keine Antworten
auf die Fragen des Lebens weiß oder, schlimmer noch, keine
Fragen an das Leben zuläßt.* Erzieher in Kindergarten und
Schule sollen Kindern nicht einfach totes Wissen vermitteln,
sondern Dinge, die die Kinder für ihr Leben benötigen. Wich-
tiger als eine Mondfinsternis erklären zu können, so Korczak,
ist es, zu wissen, wofür man lebt und in welchem Verhältnis
man zu anderen steht. Dies zu lehren sei die eigentliche Aufgabe der Schule. Sie soll damit in positivem Sinne zur Per-
sönlichkeitsbildung beitragen, anstatt wie bisher vor allem
„Roheit und Banditentum, Spitzelei und Denunziantentum"
zu begünstigen. Kinder im Kindergarten sollen nicht nur
spielen, sondern *„für Arbeiten ihrem Reifegrad entsprechend"* eingesetzt werden. Korczak stellt sich gegen pädagogische Kunstwelten, gegen eine *„Inselpädagogik",* die ohne
Bezug zur Außenwelt bleibt.

Fast hat man den Eindruck, als würde Korczak an Eltern
und Erzieher übermenschliche Ansprüche stellen, als könnten nur außergewöhnlich gute und begabte Menschen Kinder
erziehen. Doch Korczaks Vorstellung von Pädagogik verlangt
weder Kindern noch Erwachsenen zuviel ab. Wie er Kinder
als Menschen den Erwachsenen in ihrer Wertigkeit gleich-
stellt, so stellt er die Erwachsenen auch auf die Ebene der
Kinder, indem er sie auffordert, das Kind in sich selber zu
achten, zu lieben und sich mit ihm zu versöhnen. Er fordert
vom Erzieher eine partnerschaftliche Beziehung, die auf Alter, Stellung und Amt verzichtet. Er fragt nach der Erzieher-
persönlichkeit, nicht nach dem perfekten Erziehungstechno-
kraten. Ein guter Erzieher unterscheidet sich von einem
schlechten in der Zahl und Art der Fehler, die er begeht.
Natürlich machen Erzieher Fehler. Dies ist guten Erziehern
bewußt, und Korczak beschreibt anhand eigener Erfahrungen, wie man aus Fehlern lernt, sie mühsam und vorsichtig
verarbeitet. *„Erziehung des Erziehers"* überschreibt er eine

seiner kurzen Notizen. Korczak erwartet vom Erzieher, daß er die Beziehung zum Kind immer von neuem überdenkt, sich immer wieder fragt: Haben wir Fragen an das Leben gestellt? Waren es die richtigen? Welche Antworten haben wir gefunden, sind diese tragfähig? Was konnten wir beobachten, an uns, an den Mitmenschen, haben wir uns gegenseitig darauf aufmerksam gemacht? Auf diese Weise erziehen nicht nur die Erzieher die Kinder, sondern auch die Kinder ihre Erzieher. Die Rechte, die Korczak für Kinder einfordert, billigt er auch den Erwachsenen zu. Sie haben wie die Kinder ein Recht auf Achtung. Sein Anspruch an den professionellen Erzieher geht ein wenig darüber hinaus: Dieser sollte durch die Anstrengungen der Reflexion und der Selbstbeobachtung einen eigenständigen Beitrag zur Selbstachtung leisten, und er muß ein guter Beobachter des Kinderlebens sein. Ein Erzieher sollte sich lebenslang und existentiell mit der Frage auseinandersetzen: „Wie kann ich das Kind lieben, verstehen und achten?" Er muß fähig sein, jedem Menschen in jedem Fall völlig zu verzeihen (auch sich selbst), und er muß bereit sein, vom Kind zu lernen.

Korczak kennt die Phänomene, die man heute als „Burnout-Syndrom" bezeichnen würde, die Gefühle, die entstehen, wenn man immer nur zu geben glaubt und kaum neue Kraft schöpfen kann. Auch ein Erzieher hat das Recht, so zu sein, wie er ist: oft müde und traurig. Auch er braucht Liebe und Verstehen. „Alles für die Kinder – und was bleibt für mich?" Wer Kindern mit Liebe und Achtung begegnet, wird jedoch von ihnen reich beschenkt.

Es ist einer der bösartigsten Fehler
anzunehmen, die Pädagogik sei die
Wissenschaft vom Kind – und nicht zuerst die
Wissenschaft vom Menschen.

1; 156

Sehen, Fragen stellen und auf Fragen antworten – das ist der
Inhalt unseres Lebens, das ist der Inhalt unserer neuen
Pädagogik ...

2; 30

❖

Ich habe verstanden. Es war nur eine kleine Episode, aber sie
reicht fürs ganze Leben. Ich habe begriffen, daß der Mensch
gut ist.

Der Mensch ist gut, aber oft versteht er nichts, oder es geht
ihm schlecht, oder er muß so handeln, weil er nicht anders kann.

Wenn wir die kleinen Schwierigkeiten bewältigen und
ernstlich bemüht sind, Gutes und Schönes ins Leben hinein-
zutragen – müssen wir bei den Kindern anfangen, denn das ist
das Einfachste und auch das Wichtigste. Man muß vor allem
das erste Drittel des Lebens ordnen.

7; 102

❖

Die ganze moderne Pädagogik trachtet danach, bequeme Kinder heranzubilden, sie strebt konsequent und Schritt für Schritt
danach, alles einzuschläfern, zu unterdrücken und auszumerzen, was Willen und Freiheit des Kindes ausmacht, seine Seelenstärke, die Kraft seines Verlangens und seiner Absichten.

Artig, gehorsam, gut, bequem, aber ohne einen Gedanken
daran, daß es innerlich unfrei und lebensuntüchtig sein wird.

1; 12

❖

Wenn jemand über Kinder und Erziehung spricht, richtet er sich nicht nur an die Eltern und Erzieher, sondern an die ganze Gesellschaft, an alle, denen das Leben und die Zukunft der Jungen und Jüngsten nicht gleichgültig ist. Die laute Stimme der Pädagogen [...] sollte jedenfalls jedermanns Ohren erreichen, um so oft wie möglich daran zu erinnern, daß *in unseren Händen die Zukunft der Gesellschaft und das Glück der Kinder liegt,* um so oft es geht, an die Verantwortung zu appellieren, die auf uns lastet, für die moralischen Werte und das Glück derjenigen, die nach uns die Lebensarena betreten.

Der Glaube an die Macht der Erziehung ist keine Illusion eines Träumers, sondern das Resultat vieler hundertjähriger Studien und Untersuchungen. Diesen Glauben hat auch nicht einmal einen Augenblick lang die Vererbungstheorie untergraben. Heute ist bekannt, daß der menschliche Charakter sich aus zwei Elementen zusammensetzt: aus den ererbten und den neuerworbenen. Aber die angeborenen Neigungen sind nicht einheitlich: der Mensch wird weder als Verbrecher noch als Engel geboren; die Erziehung macht aus ihm ein schmutziges oder strahlendes Wesen. Unter Erziehung verstehen wir nicht nur den Einfluß der Eltern, sondern auch den der Umgebung, der Leute, der Welt, der Literatur, des Lebens. Die Familie kann dieser Erziehung nur die Richtung geben, und die Seele des Kindes wird entweder auf die Klippen geschleudert, auf Gedeih und Verderb, oder sie wird von den Wirbeln des Lebens in den Hafen der Liebe, der Aufopferung, des Glückes getragen.

Wenn die Familie nicht das Steuer der Erziehung in die Hand nehmen kann oder will, ist die Seele des Kindes auf die Gnade des Schicksals angewiesen. Was wird dann überwiegen: das Böse oder das Gute, das Positive oder das Negative?

Das Kind wurde als Mensch anerkannt, als Wesen, mit welchem man rechnen muß, welches man nicht an der Leine führen kann, es aber umsichtig, unter geistiger Anstrengung, mit Gefühl und gutem Willen führen soll. Der ehemalige Despotismus in der Erziehung ist veraltet, die einstige Angst der Kinder ist im Laufe der Zeit verschwunden – was sollte man an dessen Stelle setzen?

„Liebe, Achtung und Vertrauen" – antwortet die Vernunft.

„Nichts" – antworten die Unkenntnis, der Leichtsinn und die Faulheit.

So stahl sich in die Familienverhältnisse Verwirrung und Lockerung ein. Die Eltern wurden zu Kameraden oder Dienern ihrer Kinder. Man hat kapituliert, die Führung aufgegeben, die Kinder in fremde Hände gegeben.

So beschaffen wir den Kindern eine Bonne, eine Kindergärtnerin. Lehrer und Lehrerinnen, Lehrer für Kunsterziehung, sie lernen Fremdsprachen, Geschichte, Algebra, Musik, Zeichnen, Singen, Tanzen, wir bilden sie aus, eigentlich bezahlen wir ihre geistige Bildung ...

Und das Herz?

Lehren wir die Kinder, wie man und für wen man leben soll, geben wir der Jugend ein Lebensziel, helfen wir ihr in den entscheidenden Momenten, wenn sie ihre Weltanschauung gestaltet, wenn sie anfängt, sich umzuschauen und zu suchen, zu träumen und zu streben.

Wissen wir überhaupt, was für Ideale ihr vorschweben? Verbinden uns noch mit dem Jugendlichen und Kindern die vertraulichen Gespräche zu zweit, wenn sie uns ihren Kummer und ihre Sorgen anvertrauen, wenn sie uns um Lösung von tausend Rätseln, die ihnen das Leben und die eigene Beobachtung aufgebürdet hat, bitten und trösten wir sie, geben wir ihnen Erklärungen und muntern wir sie auf?

Nein. Die Seele des Kindes legen wir schon mit den Windeln in fremde Hände: den Geist übergeben wir der Schule, das Herz – der Welt, der Umgebung, den Büchern.

Was tun wir für den Körper des Kindes? Denken wir an gesunde Spaziergänge (nicht diese in Hüllen von Watte und

Baumwolle), an Gymnastik, an Schwimmen, Rudern, an zeitiges Schlafengehen und frühes Aufstehen, ist uns die Hygiene in der Erziehung bekannt? Nein. *Den Körper des Kindes übergeben wir der Natur*, aber nicht dieser aus Wald und Feld, sondern der verkümmerten Natur einer stickigen Schulklasse, einem dunklen Kinderzimmer und dem Wohnzimmer voller Gäste.

7; 35ff.

❖

Mein Kind ist mein Eigentum, mein Sklave, mein Schoßhündchen. Ich kraule es hinter den Ohren, streichle ihm den Nacken, führe es mit Schleifchen verziert spazieren, dressiere es, damit es aufgeweckt und manierlich ist; und wenn es mir lästig wird, dann heißt es:

„Geh spielen. Nimm dir die Schulbücher vor. Geh endlich schlafen!"

Angeblich wird so die Hysterie kuriert:

„Sie meinen, Sie seien ein Hahn. Bleiben Sie es nur, aber krähen Sie nicht!"

„Du bist jähzornig", sage ich zu einem Jungen. „Nun ja, dann schlag nur zu, aber nicht zu fest; brause nur auf, aber nur einmal am Tag."

Wenn ihr so wollt, habe ich in diesem einen Satz meine ganze Erziehungsmethode zusammengefaßt.

1; 58

❖

In der Theorie der Erziehung vergessen wir, daß wir das Kind nicht nur lehren sollten, die Wahrheit zu schätzen, sondern auch, die Lüge zu erkennen, nicht nur zu lieben, sondern auch zu hassen, nicht nur zu achten, sondern auch zu verachten, sich nicht nur zu fügen, sondern auch zu entrüsten, nicht nur nachzugeben, sondern sich auch zu empören.

1; 121

❖

Warum haben gesunde Eltern manchmal schwächliche Nach-
kommenschaft? Warum wächst in einer ehrbaren Familie ein
Lump auf? Weshalb hat eine durchschnittliche Familie
manchmal ein hochbegabtes Kind?

Man sollte neben der Vererbungsforschung gleichzeitig
auch Untersuchungen des Erziehungsmilieus betreiben; dann
würde vielleicht manches Rätsel gelöst werden können.

Als Erziehungsmilieu bezeichne ich den Geist, der in einer
Familie vorherrscht; ihre einzelnen Glieder können ihm gegenüber keinen beliebigen Standpunkt einnehmen. Dieser
lenkende Geist ist zwingend, und er duldet keinen Widerstand.

Ein streng dogmatisches Milieu.

Tradition, Autorität, festgefügte Bräuche, Befehl als abso-
lutes Gesetz, Zwang als Lebensimperativ. Disziplin, Ordnung
und Redlichkeit. Gemessene Haltung, seelisches Gleichgewicht, Heiterkeit, die ihren Ursprung in Seelenstärke hat, im
Gefühl der Beständigkeit, der Widerstandsfähigkeit, der
Selbstsicherheit oder auch in dem Bewußtsein, daß die zuer-
teilten Aufgaben rechtens sind. Selbstbeschränkungen,
Selbstüberwindung, Arbeit als Recht, Moralität als Gewohn-
heit. Bedachtsamkeit bis zur Passivität, zur einseitigen Nichtachtung von Rechten und Wahrheiten, die keine Tradition
überliefert, keine Autorität sanktioniert und keine mechani-
sierte Tätigkeitsschablone fixiert hat.

Wenn diese Selbstsicherheit nicht in Willkür, diese
Schlichtheit nicht in Borniertheit umschlägt, dann wird dieses fruchtbare Erziehungsmilieu ein ihm geistig fremdes Kind
entweder zerbrechen oder aber einen wahrhaft wohlgestalte-
ten Menschen heranbilden, der seinen gestrengen Erziehern
mit Ehrerbietung begegnen wird, weil sie ihn nicht als Spielzeug betrachtet, sondern den mühseligen Weg zu einem klar
umrissenen Ziel geführt haben.

Ungünstige Bedingungen und der Druck physischer Be-

68

dürfnisse verändern die geistige Wirklichkeit dieses Milieus nicht. Emsige Arbeit kann in Plackerei übergehen, Ruhe in Resignation, und die bis zur Verbohrtheit gehende Selbstverleugnung kann in den Willen zum Durchhalten hineinführen; manchmal treten auch Schüchternheit und Demut auf – aber immer bleibt das Gefühl der Billigkeit und das Vertrauen. Apathie oder Energie sind nicht eine Schwäche, sondern eine Stärke dieses Milieus, gegen die ein fremder böser Wille vergeblich angeht.

Erde, Kirche, Vaterland, Tugend und Sünde können Dogmen sein; dies trifft auch für die Wissenschaft, für soziale und politische Arbeit, Vermögen, Auseinandersetzungen aller Art, Gott, Heldentum, Götzendienst und Narretei zu. Nicht woran du glaubst, ist entscheidend, sondern wie du glaubst.

Das idealistische Milieu.

Sein Vorzug liegt nicht in einer durch Abhärtung erreichten seelischen Standfestigkeit, sondern in der Bewegung, im Engagement, im Schwung. Hier wird nicht gearbeitet, sondern fröhlich etwas getan. Man ist schöpferisch tätig und verharrt nicht in einer abwartenden Haltung. Es gibt keinen Zwang, sondern allein bereitwilliges Mittun. Es gibt keine starren Dogmen, aber es gibt Probleme mancherlei Art. An die Stelle von langwierigen Überlegungen treten Begeisterung und Enthusiasmus. Diese wiederum werden in Schranken gehalten durch den Abscheu vor schmutzigen Dingen, durch einen moralischen Ästhetizismus. Es kommt wohl vor, daß für kurze Zeit ein Gefühl der Abneigung wirksam wird, niemals aber Verachtung. Toleranz bedeutet hier keine Halbherzigkeit der eigenen Überzeugungen, sondern Achtung vor dem menschlichen Denken und Freude darüber, daß der Geist sich frei entfaltet, in verschiedenen Höhenlagen, in verschiedene Richtungen, in der Begegnung mit anderen, absteigend und sich wieder aufschwingend und den Raum erfüllend. Mutig im eigenen Tun, wird der Widerhall fremder Hammerschläge begierig aufgenommen, und das Morgen neuer Verwunderungen mit seinen Erkenntnissen, Verfehlungen, Kämpfen, Zweifeln, Behauptungen und Verneinungen wird voller Spannung erwartet.

Wenn ein dogmatisch-strenges Milieu die Erziehung eines passiv angelegten Kindes begünstigt, so eignet sich ein idealistisches Milieu als Nährboden für Kinder mit Anlagen zur Aktivität. Ich glaube, daß viele schmerzliche Überraschungen hier ihren Ursprung haben. Für das eine Kind geben die zehn in Stein gehauenen Gebote Weisungen, die es doch aus der Glut des eigenen Herzens hervorbringen möchte; das andere Kind wird durch diese Gebote zur Suche nach Wahrheiten gezwungen, die es als fertige Wahrheiten annehmen muß. Das vermag man nicht zu erkennen, wenn man sich einem Kinde mit dem Anspruch „Ich werde aus dir einen Menschen machen", nähert – aber auch nicht mit der forschenden Frage: „Was könnte wohl aus dir werden, Mensch?"

Das Milieu eines heiteren Lebensgenusses.

Ich habe alles, was ich brauche; also wenig, wenn ich ein Handwerker oder ein Beamter bin, oder viel als Besitzer umfangreicher Ländereien. Ich will sein, was ich bin, also Meister, Stationsvorsteher, Rechtsanwalt oder Romanschriftsteller. Die Arbeit ist kein Dienst, kein auszufüllender Posten, kein Zweck, sondern ein Mittel, um ein bequemes Leben unter erwünschten Bedingungen führen zu können.

Heiterkeit, Sorglosigkeit, sanfte Gemütsbewegungen, Wohlwollen, Güte, soviel Nüchternheit wie erforderlich, soviel Selbsterkenntnis, wie man ohne viel Mühe erwerben kann. Ausdauer und Zähigkeit bilden sich weder in der Bewahrung des Überkommenen noch in forschendem Suchen und Streben aus.

Das Kind lebt in der Atmosphäre einer inneren Ausgeglichenheit, einer trägen Gewöhnung, die das Vergangene bewahrt, einer Nachsichtigkeit modernen Strömungen gegenüber; und es lebt unter dem reizvollen Eindruck der Einfalt, die es umgibt. Hier kann es alles sein: mit Hilfe von Büchern, Gesprächen, Begegnungen und Lebenserfahrungen wirkt es selbst am Gewebe der eigenen Weltanschauung mit und wählt selbständig seinen Weg.

Ich erwähne noch Liebe der Eltern zueinander: selten empfindet ein Kind, wenn es an ihr mangelt; aber es kostet sie ganz und gar aus, wenn sie vorhanden ist.

„Der Papa ist böse auf die Mama, die Mama redet nicht mehr mit dem Vater; Mama hat geweint und Papa hat die Tür zugeknallt." Das ist eine Wolke, die den blauen Himmel verdeckt und das muntere Geplapper im Kinderzimmer mit frostiger Stille zum Gefrieren bringt.

Das Milieu des Scheins und des Karrieremachens.

Hier haben wir es wieder mit Ausdauer und Zähigkeit zu tun; hier aber ist es nicht das Ergebnis einer inneren Notwendigkeit, sondern das kühler Berechnung. Hier ist kein Platz für die Fülle innerer Werte; es gibt nur eine berechnende Form, eine geschickte Ausnutzung fremder Werte und ein künstliches Aufputzen wirklicher Leere. Phrasen, mit denen man Geld verdienen kann, Überkommenes, dem man sich unterwirft. Nicht der Wert entscheidet, sondern eine gewisse Reklame. Das Leben ist kein Wechselspiel von Arbeit und Entspannung, sondern witternde Geschäftigkeit. [...]

Hier werden Kinder weder geliebt noch erzogen, hier taxiert man nur, rechnet mit Verlust und Gewinn, kauft und verkauft. Jede Verbeugung, jedes Lächeln, jeder Händedruck – alles ist berechnet – es versteht sich fast von selbst, auch Ehe und Fruchtbarkeit. Man macht seine Geschäfte mit Geld, Beförderungen, Auszeichnungen und Beziehungen in „hochgestellten Kreisen".

Wenn aus einem solchen Milieu etwas Positives hervorgeht, so handelt es sich oft nur um einen schönen Schein, ein gewandtes Spiel, eine noch besser angepaßte Maske. Es kommt aber auch vor, daß in einem Milieu der Zersetzung und der Fäulnis unter Qualen und in geistiger Zerrissenheit die sprichwörtliche „Rose auf dem Misthaufen" erblüht.

Solche Fälle liefern den Beweis, daß es neben dem anerkannten Gesetz von der erzieherischen Beeinflussung auch noch das Gesetz von der Antithese gibt. Wir sehen es wirksam werden an den Beispielen, in denen ein Geizhals einen Verschwender, ein Gottloser einen Gottesfürchtigen, ein Feigling einen Helden erzieht, was sich allein mit der „Erblichkeit" wohl kaum erklären ließe.

1; 62ff.

❖ ❖ ❖

Das Märchen von der Autorität.

Ein Kind hat viele Götter, Halbgötter und Helden.

Die Autoritäten sind eingeteilt in sichtbare und unsichtbare, lebendige und tote. Ihre Hierarchie ist unendlich verwickelt. Mama, Vater, Großmama, Großvater, Tante, Onkel, Hauspersonal, Polizisten, Soldaten, König, Doktor, die Älteren überhaupt, Pfarrer, Lehrer, erfahrenere Kameraden.

Sichtbare leblose Autoritäten: das Kreuz, die Thora-Rolle, das Andachtsbuch; Heiligenbilder, Ahnenporträts, Denkmäler großer Leute, Fotografien unbekannter Personen.

Unsichtbare Autoritäten: Gott, Gesundheit, Seele, Gewissen, Verstorbene, Zauberer, Teufel, Engel, Geister, Wölfe, entfernte Verwandte, von denen oft die Rede ist.

Autoritäten fordern Gehorsam; das begreift das Kind, wenn auch unter Schmerzen. Sie verlangen auch, daß man sie liebt, und das ist schon schwieriger.

„Papa und Mama liebe ich mehr." […]

Die Mama sagt dem Dienstmädchen, was es zu tun hat, und das Dienstmädchen hat Angst vor der Mama. Mama hat sich über die Bonne geärgert. Mama muß fragen, ob der Doktor dieses oder jenes gestattet. Der Polizist kann Mama bestrafen.

Der Schulkamerad braucht der Mama nicht zu gehorchen. Der Vorgesetzte im Büro hat sich über Papa geärgert, deshalb ist Papa traurig.

Der Soldat fürchtet den Offizier, der Offizier den General und der General wiederum den König. Hier ist alles verständlich; vielleicht interessieren sich Jungen darum für Dienstränge beim Militär; vielleicht dosieren Kinder deshalb ihre Achtung vor den einzelnen Schulklassen so genau, weil auch hier alles leicht zu verstehen ist.

Sehr achtenswert sind die Vermittler zwischen den sichtbaren und unsichtbaren Autoritäten.

Der Pfarrer hat mit Gott gesprochen, der Doktor hat seine geheimen Verbindungen zur Gesundheit, der Soldat hat Beziehungen zum König, und das Dienstmädchen weiß viel von Zauberdingen, Gespenstern und Geistern.

Es gibt auch Augenblicke, in denen der Viehhirt zur achtenswertesten Persönlichkeit wird: wenn er nämlich mit seinem Taschenmesser ein Figürchen schnitzt. Das kann weder Mama noch der General und auch der Doktor nicht.

1; 110f.

❖

Wir haben die Kinder mit der Verpflichtung zur Dankbarkeit und Ehrerbietung belastet – durch unsere Autorität. Ein Kind empfindet das alles lediglich anders – jedes auf seine Art. Sie achten dich, weil du eine Uhr besitzt, weil du einen Brief mit einer ausländischen Marke bekommen hast, weil du Streichhölzer bei dir tragen darfst und spät schlafen gehst, weil du mit roter Tinte unterschreibst, weil du eine verschlossene Schublade besitzt und alle Privilegien der Erwachsenen. Viel weniger achten sie dich wegen deiner Bildung, in der sie immer wieder Mängel entdecken: „Können Sie chinesisch sprechen, können Sie bis zu einer Milliarde zählen?"

Der Erzieher erzählt ganz hübsche Märchen, aber noch schönere wissen die Köchin und der Hausmeister zu erzählen.

Der Erzieher spielt Geige, aber der Altersgenosse schlägt den Ball beim Schlagballspiel höher und weiter. [...]

Je angelegentlicher du auf die Erhaltung deiner Autorität bedacht bist, desto mehr geht sie dir ab, und je vorsichtiger du dich beträgst, desto leichter entgleitet sie dir. Wenn du nicht bis zum Äußersten lächerlich bist und nicht vollkommen unfähig, wenn du dich nicht in törichter Weise durch Schmeichelei und falsche Nachsicht in die Gunst der Kinder einzuschleichen versuchst – werden sie dich auf ihre Weise achten.

Auf ihre Weise – wie? – ich weiß es nicht.

Sie werden lachen, weil du mager oder weil du dick bist, weil du eine Glatze hast und eine Warze auf der Stirn, weil deine Nase wackelt, wenn du dich ärgerst, und weil du den Kopf zwischen die Schultern ziehst, wenn du lachst. Und sie werden dich nachahmen, sie werden mager oder dick sein wollen und mit der Nase wackeln, wenn sie sich ärgern.

Laß es in einer freundschaftlichen Ausnahmesituation, in einem seltenen kameradschaftlichen Gespräch zu, daß sie sagen, was sie über dich denken.

„Sie sind so sonderbar. Manchmal habe ich Sie lieb, aber manchmal, da könnte ich Sie vor Wut totschlagen."

„Wenn Sie etwas sagen, dann meint man, das sei alles wahr. Aber wenn man nachdenkt, dann sieht man, daß Sie das alles nur so sagen, weil wir Kinder sind."

„Niemals weiß man, was Sie wirklich von uns denken."

„Auch auslachen kann man Sie nicht; denn Sie sind nur selten komisch."

1; 210f.

❖ ❖ ❖

Dies ist eine Erzählung aus dem Ausland. Es gibt dort eine Familie, den Vater Mordechaj, die Mama Rewka, den älteren Bruder Ari, die kleine Tochter Esther, den kleinen Jungen Srulik. Es gibt auch den Großvater Abram; er ist gelähmt und sitzt im Sessel. Morgens gehen alle aus dem Haus, an die Arbeit und in die Schule, die Mama Rewka ging auf den Markt, zu Hause blieb der kleine Srulik mit dem Großvater Abram im Sessel auf Rädern. Der Opa Abram ist 70 Jahre alt. Er sitzt bequem im Sessel, ist schön angezogen; sie haben ihm die frommen Bücher zur Hand gelegt, damit er sie lesen kann. Der kleine Srulik spielt im Zimmer mit dem Ball.

Der Opa Abram will nach dem Buch greifen, die Brille ist ihm hinuntergefallen, er will sie aufheben und kann es nicht. In den nächsten drei Stunden erwartet ihn die Untätigkeit. Eine große Traurigkeit überfällt ihn, und er fängt an zu weinen. Der kleine Srulik läuft im Zimmer herum, und plötzlich hört er das Aufschluchzen des Großvaters.

Er kommt zu ihm heran und sieht, daß er weint, ist erstaunt und fragt: Opa, warum weinst du?

Der Opa antwortet: Ach nichts, heb mir die Brille auf, die mir hinuntergefallen ist. Srulik gibt ihm die Brille, und der Großvater kann wieder lesen. Die Mama kommt vom Markt zurück, und der kleine Srulik erzählt ihr erstaunt, daß der Opa geweint habe. Warum? Wenn er es könnte, würde er hinzufügen – wegen welcher Kleinigkeit.

Seine Schwester Esther kommt aus der Schule, läuft in ihr Zimmer, legt sich aufs Sofa und weint. Die Mama Rewka kommt zu ihr und fragt, was passiert ist. Das Mädchen würgt schluchzend heraus: Sie sagten, ich sei die Königin der Gruppe, jetzt sagen sie, daß ich es nicht bin und zerreißen mir die Hefte. Die Mama tröstet sie: Dummerchen, lohnt es sich wegen einer solchen Dummheit zu weinen?

Der Sohn Ari ist 15 Jahre alt, kehrt mittags nach Hause zurück; sie bitten ihn zum Essen, er kommt nicht, steht auf der Straße und Tränen stehen in seinen Augen. Der Vater fragt: Warum weinst du? Was ist passiert? Aris Antwort wird vom Schluchzen erschüttert: Ein Mädchen hat mich beleidigt. Sie schaut mich nicht an, sie hört nicht auf meine Worte.

Der Vater hört zu und tröstet den Sohn. Welche Dummheit, wegen eines Mädchens zu weinen, du findest eine andere!

Die Mama machte Besuche, kommt verzweifelt zurück: Man hat mir gesagt, daß mein Kleid ein Lappen sei, aber es ist doch mein bestes Kleid, ich habe nichts anzuziehen. Sie erzählt dies unter Tränen.

Mordechaj, ihr Mann, wundert sich: Du weinst wegen eines Kleides! Er kann seiner Frau nicht versprechen, ihr Geld für ein neues zu geben, denn sie sind nicht reich. Andere fahren mit eigenem Auto an ihren Arbeitsplatz. Mordechaj fährt mit dem Bus, welche Schande! Diese Scham füllt seine Augen mit Tränen.

Der Opa Abram wundert sich: Zu meiner Zeit gab es keine Privatautos. Es ist doch nicht schlecht, mit dem Bus zu fahren. Du weinst um ein Auto?

Der kleine Srulik weint, er hat Angst, daß der Teufel hinter der Tür stehen könnte, er ängstigt sich und weint. Die Mama öffnet die Tür und zeigt, daß da niemand steht. Srulik hört nicht auf zu weinen und bittet die Mutter, ihn auf den Arm zu nehmen.

Alle Tränen sind salzig, wer das begreift, kann Kinder erziehen, wer das nicht begreift, kann sie nicht erziehen.

6; 118f.

❖

Illusorisch und naiv ist die Meinung eines jungen Erziehers, daß er, wenn er auf die Kinder aufpaßt, sie kontrolliert, lehrt, ihnen etwas beibringt, oder sie von etwas abbringt, sie gestaltet, selbst nicht unter dem Einfluß des Milieus, der Umgebung der Kinder steht, erwachsen, standhaft, also unveränderlich ist. Wer die Verantwortung für die Kinder auf sich nimmt und selbst keine kritische Einstellung gegen sich selbst hat, gerät in eine Gefahr, auf die ich aufmerksam machen möchte, um so intensiver, als die berufliche Psychohygiene der Allgemeinheit wenig bekannt ist. Bei seinen

Bemühungen um das Verständnis des Menschen – des Kindes und der Gesellschaft – in einer Kindergruppe kommt der Erzieher zu wichtigen und wertvollen Erkenntnissen; wenn er nicht wachsam genug ist und die Selbsterziehung bagatellisiert, scheitert er. Durch das Kind sammle ich Erfahrungen, es hat Einfluß auf meine Anschauungen und auf die Welt meiner Gefühle; vom Kind bekomme ich Anweisungen an mich selbst, ich stelle Anforderungen, ich beschuldige mich, bin nachsichtig oder vergebe. Das Kind lehrt und erzieht. Für den Erzieher ist das Kind das Buch der Natur; indem er es liest, reift er. Man darf das Kind nicht geringschätzen. Es weiß mehr über sich selbst als ich über das Kind. Es befaßt sich mit sich selber in allen Stunden des Wachseins. Ich kann es nur erraten. Deshalb ist es ein Irrtum, wenn ich versuche, seinen Nutzen und seine Mängel einzuschätzen. [...]

Die Kinder belehren den Erzieher, aber sie tadeln und strafen ihn auch, sie schließen wieder Frieden, vergessen oder vergeben bewußt, aber rächen sich auch. Sie hetzen einen Hitzköpfigen auf, lachen ihn aus, verdrehen ihm den Kopf und machen ihn rebellisch oder schieben einen Dummkopf vor (deshalb muß ein Unschuldiger so oft leiden). Sie fordern dickköpfig: Sei uns ein Vorbild und – ganz der Hauptforderung jeder Erziehungstheorie entsprechend – gib uns ein Beispiel, nicht mit Worten, sondern mit Taten. Der Erzieher steht vor dem Dilemma: entweder beginnt er die beschwerliche, mühsame und unendliche Arbeit an seiner eigenen Unvollkommenheit, oder er verbannt – was wesentlich bequemer ist – die Theorie. Etwa: die Bücher lügen und die Theoretiker sind Zechpreller. Der Schreibtisch des Gelehrten ist nicht das Leben. Mit dem Diplom habe ich Rechte erworben. Jetzt werde ich allein handeln, auf eigene Faust. Oder: vielleicht geht's auch so, aber nicht bei uns; vielleicht unter anderen Bedingungen; vielleicht bei anderen Kindern. Denn meine sind eine Bande, Meute, Gesindel. Man muß sie scharf anfassen.

Also – Verbote und Einschränkungen. Das eigene Leben wird völlig von ihrem Leben und ihren Erlebnissen isoliert. Nur um der Ordnung willen. Ordnung muß sein – eine eiserne Hausdisziplin. Schon ist der Erzieher nicht mehr der Vertreter der Sache des Kindes, der Verteidiger der Jungen, Kleinen, Schwachen, Seelsorger der Unerfahrenen, sondern ein Wächter, befangener Ankläger, Verwalter, Menschenschinder. Schon ist er nicht mehr Erzieher, sondern Inspektor, Leiter – des Gebäudes, über dessen Kanalisation, Inventar, Kanzlei, ein Magazinverwalter von Hosen und Schuhen. Ich schätze die Verwaltung nicht gering ein, das würde ein unverzeihlicher Fehler sein. Pedantisch, sauber verwalten, damit nichts verschwendet wird. Res sacra [eine heilige Sache]. Auch die Kinder müssen verstehen und empfinden, daß du für sie mühsam erwirbst und sparst. Nur dann kannst du als Verwalter strafen, obgleich du als Erzieher vergibst. Wenn der Erzieher den Kontakt zu den Kindern verliert, indem er nur seine Lieblinge, Vertrauten und Faktoten toleriert, weil sie bequem sind, wird er sich dann noch um eine gewissenhafte Verwaltung bemühen, wird das der Mühe wert sein? Wird er sich nicht eher mit jenen verbinden, die die Rechtlosen, Wortlosen und dem Diebstahl Ausgelieferten ausbeuten wollen? Immer nur handeln, wie es am bequemsten ist, ohne Anstrengung, ohne Mühe, mit dem größten Nutzen für sich selbst verbunden: das Inventarbuch und die Disziplin. Dem entspricht die Phrase: ich hörte die Kinder an und lehre Ordnung; so erziehe ich die künftigen Mitglieder der Gesellschaft.

Den Weg zur Selbsterziehung und zum Kampf gegen dich selbst findest du, junger Erzieher, nur in dir.

7; 120ff.

❖

Naiv ist das Rezept pädagogischer Autodidakten, daß es genüge, Kinder konsequent zu erziehen, daß der Vater das Tun der Mutter nicht kritisieren dürfe, daß Erwachsene in Anwesenheit von Kindern sich nicht unterhalten sollen, daß das Dienstmädchen lügenhaft behaupten dürfe, daß „die Herrschaften nicht zu Hause sind", wenn ein unerwünschter Gast an der Haustür läutet.

Aber warum darf man keine Tiere quälen, wenn doch Fliegen zu Hunderten qualvoll auf geleimten Papierstreifen umkommen? Warum kauft einem die Mama ein hübsches Kleid, wenn man nicht sagen darf, daß das Kleid hübsch ist? Muß eine Katze denn wirklich falsch sein? Ein Blitzschlag –, die alte Kinderfrau bekreuzigt sich und sagte „Gott", und ihre Herrin sagt, das sei „Elektrizität". Warum muß man Erwachsene überhaupt achten, also auch einen Dieb? Onkelchen hat gesagt: „Da haben mir aber die Därme tüchtig weh getan" – aber es ist häßlich, das zu sagen. Warum ist „psiakrew" (Hundeblut) ein Fluch? Die Köchin glaubt an Träume, die Mama nicht. Warum sagt man: „Gesund wie ein Fisch", wo Fische doch auch krank werden? Ob der Hund wohl in den Brunnen macht? Warum ist es eigentlich häßlich zu fragen, wieviel ein Geschenk gekostet hat?

Wie soll man etwas verheimlichen, wie etwas erklären, ohne das Unverständnis noch zu vertiefen?

Oh, diese unsere Antworten ...

Zufällig wurde ich zweimal Zeuge, wie man einem Kinde vor dem Schaufenster einer Buchhandlung einen Globus erklärte.

„Was ist das für ein Ball?", fragt das Kind.

„Na, eben so ein Ball", antwortet die Kinderfrau.

Ein anderes Mal:

„Mama, was ist das für eine Kugel?"

„Das ist keine Kugel, sondern die Erde. Da sind Häuser drauf, Pferde und auch die Mama."

„Mamaaa"? das Kind blickt die Mutter mitleidig und besorgt an; es wiederholte seine Frage nicht.

Wir nehmen die stürmischen Erscheinungen kindlicher Freude oder kindlicher Trauer dann wahr, wenn sie sich von unserem Gemütszustand unterscheiden; aber wir bemerken ihre heiteren Stimmungen, ihre stille Versunkenheit, ihre tiefen Gemütsbewegungen, ihr schmerzliches Verwundertsein, ihren schwärenden Argwohn und ihre demütigenden Zweifel dann nicht, wenn sie den unseren ähnlich sind. „Echt" ist nicht nur das Kind, das auf einem Bein hüpft, sondern auch das andere, das die wundersamen Geheimnisse im Märchen des Lebens überdenkt. Dabei sollte man nur die wirklich „unnatürlichen" Kinder ausschließen, die gedankenlos eingepaukte oder von Erwachsenen aufgeschnappte Phrasen wiederholen. Ein Kind vermag nicht „wie ein Erwachsener" zu denken, aber es kann auf kindliche Weise über ernste Probleme der Erwachsenen nachdenken; mangelndes Wissen und ein geringerer Erfahrungsschatz zwingen es, anders zu denken.

1; 104f.

❖

Ihr sagt:
„Der Umgang mit Kindern ermüdet uns."
Ihr habt recht.
Ihr sagt:
„Denn wir müssen zu ihrer Begriffswelt hinuntersteigen. Hinuntersteigen, uns herabneigen, beugen, kleiner machen."
Ihr irrt euch.
Nicht das ermüdet uns. Sondern – daß wir zu ihren Gefühlen emporklimmen müssen. Emporklimmen, uns ausstrecken, auf die Zehenspitzen stellen, hinlangen.
Um nicht zu verletzen.

4; 7

❖

Die Kinder und ich – der gleiche Prozeß des Denkens – alles das gleiche, nur lebe ich länger.

Aber auf dem Gebiet der Gefühle ist das Kind anders. Also gilt es nicht nur zu begreifen, sondern mit ihm mitzufühlen: sich kindhaft freuen und betrübt sein, lieben und zürnen, beleidigt sein und sich schämen, Furcht haben und Vertrauen. Wie man es selber machen soll, und wenn das gelingt, wie es den anderen beibringen?

Die Pädologie – vielleicht sage ich etwas Törichtes – muß sehr viel von der körperlichen Entwicklung des Kindes und erst recht viel von den Gefühlen sprechen; der Intellekt kommt erst am Ende.

6; 19

❖

Wir, die Erwachsenen, wissen viel über das Kind, aber wir können uns irren. Das Kind allein weiß, ob es sich wohl fühlt oder nicht.

7; 80

❖

Ein Erzieher darf sich nicht fürchten, weder vor Worten noch Gedanken oder Taten von Kindern.

1; 268

❖

Schließlich, wenn das Leben Krallen erfordert, haben wir dann das Recht, die Kinder nur mit Schamröte und leisem Seufzen auszurüsten?

Deine Pflicht ist es, Menschen großzuziehen, nicht Schäfchen, und Arbeiter, keine Prediger, sondern physisch und moralisch gesunde Menschen. Und Gesundheit ist weder zart besaitet noch opferwillig. Ich möchte gern erreichen, daß mich die Heuchler wegen Unmoral anklagen.

1; 206

❖

Es ist nicht die Schuld der Erwachsenen, daß sie nicht wissen und nicht können, ihre Schuld liegt darin, daß sie dies vor den Kindern verschweigen.

7; 51

❖

Der geniale französische Insektenforscher Fabre* rühmte sich, er habe seine epochemachenden Beobachtungen an Insekten gemacht, ohne ein einziges zu töten. Er erforschte ihren Flug, ihre Gewohnheiten, Sorgen und Freuden. Er sah ihnen aufmerksam zu, wie sie sich in den Strahlen der Sonne vergnügten, wie sie miteinander kämpften und dabei umkamen, Nahrung suchten, Unterkünfte bauten und Vorräte anlegten. Es war ihm nie zuviel, mit klugem Blick verfolgte er die mächtigen Naturgesetze in ihren kaum wahrnehmbaren Vibrationen. Er war Volksschullehrer. Er forschte mit bloßem Auge.

Erzieher, sei du ein Fabre der Kinderwelt!

1; 278

❖

Mir will scheinen, daß ein Erzieher für seinen Beruf nicht vollwertig ausgebildet ist, wenn er nicht weiß, daß man aus Holz, Blech, Pappe, Stroh und Draht eine Vielzahl von Gegenständen herstellen kann, die einem die Arbeit erleichtern und vereinfachen, wertvolle Zeit und manche Überlegung sparen. Ein kleines Regal, eine Platte, ein Nagel, an der richtigen Stelle angebracht, werden gravierende Fragen lösen können ...

1; 282

❖

---

* Jean Henri Fabre (1823–1915), bedeutender französischer Entomologe; Hauptwerk: „Erinnerungen" (1879–89).

Denn man darf nie vergessen, daß es leichter ist, Mutter zu sein als Erzieherin.

Wenn die Mutter etwas erlaubt hat, und es passiert ein Unglück, dann wird man ihr nicht böse sein. Wenn die Mutter etwas Unerfreuliches erlebt hat, dann wissen die Kinder, warum sie traurig ist, aber der Erzieherin trauen sie zu, daß sie sich nur geärgert hat. Wenn die Mutter etwas anordnet, gehorchen sie in den meisten Fällen. Es gibt also gleichsam nur die übliche Verstimmung zwischen Menschen, die dauernd zusammen leben. Aber im Grunde mögen sie einander und tragen einander nichts nach.

3; 112f.

❖

Die guten Erzieher unterscheiden sich von den schlechten nur durch die Anzahl der begangenen Fehler, des begangenen Unrechts. Es gibt Fehler, die ein guter Erzieher nur einmal begeht, die er, wenn er sie kritisch überdacht hat, nie wiederholt. Ein solcher Fehler bleibt ihm lange im Gedächtnis. Wenn er unbillig handelt, taktlos oder übermüdet ist, dann wird er alle Mühe darauf verwenden, die kleinen, aber zeitraubenden Tätigkeiten zu mechanisieren, denn er weiß, daß etwas deshalb nicht in Ordnung ist, weil er zu wenig Zeit hat. Ein schlechter Erzieher gibt den Kindern die Schuld am eigenen Versehen. Ein guter Erzieher weiß, daß es sich lohnt, auch über winzige Episoden nachzudenken; es sind Probleme in ihnen verborgen – darum achtet er sie nicht gering.

Er weiß auch, was zu tun ist, wenn die triumphierende Staatsmacht oder die herrschende Kirche etwas fordert (die sich ja für Tradition und Sitte allein zuständig halten) und wie man sich unter dem eisernen Zwang der äußeren Bedingungen verhalten muß. Er weiß, daß eine Anordnung nur in dem Sinne das „Wohl" der Kinder zum Ziel hat, als sie die Kleinen lehrt, sich dann zu beugen, nachzugeben, zu berechnen und zu Kompromissen für die Zukunft bereit zu sein, wenn sie erwachsen sind.

Ein schlechter Erzieher glaubt, daß die Kinder schon von sich aus keinen Lärm machen und ihre Kleidung nicht beschmutzen dürften, daß sie von sich aus gewissenhaft grammatikalische Formeln lernen sollten. Ein verständiger Erzieher wird nicht unwillig, wenn er ein Kind nicht versteht, sondern er denkt nach, forscht und fragt bei den Kindern an. Sie lehren ihn, sie nicht allzu empfindlich zu kränken – wenn er nur lernen will.

1; 181f.

❖

Wenn es Pflicht des Staates ist, die Gesellschaft gegen Gewalttaten und Anmaßung schädlicher Elemente zu schützen, so ist es Pflicht des Erziehers, Kinder vor Faustschlägen, Drohungen und Beleidigungen zu bewahren, ihr Eigentum gegen Aneignungsversuche zu sichern (ob das nun ein Steinchen oder ein Hölzchen ist), und ihre organisierte Gemeinschaft zu schützen (ihr Ballspiel oder das Burgenbauen im Sand).

1, 274

❖

Wir lieben die Kinder. Trotz allem bedeuten sie Trost, Zuversicht und Hoffnung, Freude und Erholung, das helle Licht des Lebens. Wir schüchtern sie nicht ein, wir bürden ihnen nichts auf und plagen sie nicht. Sie fühlen sich frei und glücklich.

3; 15

❖

Durch mißtrauisches Kontrollieren gehemmt, ist der Erzieher gezwungen, zwischen fremden Anweisungen und seinem Gutdünken, zwischen den von außen auf ihn eindringenden Forderungen und der eigenen Ruhe und Bequemlichkeit hindurchzusteuern. Indem er die Verantwortung für das ihm anvertraute Kind übernimmt, muß er auch die Folgen zweifelhafter Entscheidungen der gesetzlichen Vertreter des Kindes und seiner Brotherren auf sich nehmen. Indem er genötigt ist, Schwierigkeiten zu verheimlichen und zu umgehen, kann er leicht heuchlerisch, verbittert und träge werden.

Mit den Jahren wird der Abstand zwischen den Forderungen der Erwachsenen und den Wünschen des Kindes immer größer; auch mit unlauteren Methoden der Unterdrückung wird man immer vertrauter. Klagen über die undankbare Arbeit werden laut: wen Gott strafen will, den macht er zum Erzieher.

Das regsame, lärmende, des Lebens und seiner Rätsel wißbegierige Kind ermüdet uns, Fragen und Sich-Wundern, Entdecken und Versuche mit oftmals unglücklichem Ausgang quälen uns.

Immer seltener erscheinen wir als Berater und Tröster, immer häufiger jedoch als die gestrengen Richter.

3; 17

✦

Wenn ich ohne Illusionen die Fakten werte, so glaube ich, am wichtigsten ist, daß der Erzieher fähig sein muß:

Jedem in jedem Fall völlig zu verzeihen.

Alles zu verstehen – heißt alles zu verzeihen.

Der Erzieher, gezwungen zu murren, zu nörgeln, zu schreien, zu schnauzen, zu drohen, zu strafen, muß in sich und für sich jede Ausschreitung, Verfehlung, Schuld nachsichtig beurteilen. Es ist schuldig geworden, weil es das nicht gewußt hat; weil es nicht überlegt hat; weil es der Versuchung, der Überredung erlegen ist: weil es etwas versuchen wollte; weil es nicht anders konnte. [...]

Erzieher ist nicht, wer sich empört, wer schmollt, wer einem Kind grollt, weil es das ist, was es ist, wie es geboren ist oder wie die Erfahrung es erzogen hat.

Trauer, nicht Groll. Trauer, daß es auf schiefem Wege in die einsame Bahn seiner Bestimmung geht. Stures Tretrad oder scharfe Ketten. Es ist deshalb arm, weil es sich erst dahin aufmacht.

Jedes Gefängnis- oder Todesurteil, von dem wir in der Zeitung lesen, ist für den Erzieher ein schmerzliches Memento.

Trauer, nicht Zorn; Mitleid, nicht Rachsucht.

Schämst du dich nicht, daß du *wirklich* zürnst? Schau, wie klein, winzig, schwach und hilflos er ist. Nicht wie er sein wird, sondern wie er heute ist. In der Morgenfrühe ein paar freudige Rufe, azurblaues Lächeln. Das Kind kennt, fühlt die Tragweite seiner Gestörtheit voraus. Möge es vergessen, möge es sich erholen! Was für ein starker moralischer Hebel in seinem schmutzigen Leben wird es sein, wenn es sich manchmal an den einzigen Menschen erinnert, der ihm Wohlwollen entgegenbrachte, der es nicht enttäuschte. Der es kennengelernt hat, der davon wußte und doch wohlwollend blieb. Er – der Erzieher. [...]

Wie ehrlich und würdig ist die Arbeit eines Dompteurs wilder Tiere. Der Furie wilder Instinkte setzt der Mensch unbewegt den konsequenten Willen entgegen. Er herrscht durch den Geist. Der Erzieher muß mit angehaltenem Atem neue Wege der Dressur verfolgen – durch Milde, nicht mit Peitsche und Revolver. Und dabei ist das doch nur ein Tiger oder ein Löwe.

Es ist erstaunlich, wie ein brutaler Erzieher selbst sanfte Kinder rasend machen kann.

Ich verlange vom Kind nicht Besserung, ich dressiere seine Taten. Das Leben ist eine Arena – es gibt weniger und mehr geglückte Augenblicke. Es bewertet nicht sich selber, sondern die Taten. [...]

Der Erzieher ist nicht verpflichtet, Verantwortung für die entfernte Zukunft auf sich zu nehmen – aber er ist voll verantwortlich für den heutigen Tag. Ich weiß, daß dieser Satz Mißverständnisse wecken wird. Man denkt es gerade umgekehrt, meiner Überzeugung nach falsch, wenn es ehrlich gemeint ist. Aber ehrlich? Vielleicht verlogen. Es ist leichter, die Verantwortung hinauszuschieben, sie in ein nebelhaftes Morgen zu übertragen, als schon heute über jede Stunde Rechenschaft abzulegen. Der Erzieher ist mittelbar auch für die Zukunft vor der Gesellschaft verantwortlich, aber unmittelbar trägt er Verantwortung in erster Linie vor seinem Zögling für die Gegenwart.

Es ist bequem, den heutigen Tag des Kindes geringzuschätzen im Namen erhabener Losungen für morgen. Moralisch aufbauen, das bedeutet paralleler – ein Gut hegen. Ein Gut hegen, das da ist, das entgegen den Lastern, Mängeln, den eingeborenen bösen Instinkten – existiert. Und Vertrauen, Glaube an den Menschen – ist das nicht jenes Gut, das man bewahren kann? Entwickeln kann? Als Gegengewicht zum Bösen, das man manchmal nicht beseitigen, sondern nur mühsam in seiner Entwicklung bremsen kann.

Wie einsichtsvoller, milder ist das Leben als mancher Erzieher. Wie beschämend ist das.

6; 15ff.

❖

Aber wo bleiben in dem allem mein eigenes Leben, meine eigene Zukunft, mein eigenes Glück und mein eigenes Herz?

Ich verschenke meine Einfälle, Ratschläge, Warnungen und Gefühle, ohne damit zu geizen. Wenn alle Augenblicke ein anderes Kind dahergelaufen kommt und etwas haben will, um etwas bittet oder eine Frage stellt und deine Zeit, dein Denken und Fühlen damit ganz und gar ausfüllt, dann empfindest du schmerzlich, daß du, der du die wärmende Sonne dieser Kinderschar bist, selbst erstarrst, daß du, der du für sie ein Licht bist, selbst Strahl um Strahl deiner Leuchtkraft verlierst.

Alles für die Kinder – und was bleibt für mich? Sie wachsen an Wissen, Erfahrung und moralischer Einsicht; sie sammeln Vorräte – ich verschwende sie. Wie soll man nur auf weite Sicht mit den vorhandenen eigenen geistigen Kräften haushalten, um nicht eines Tages mit leeren Händen dazustehen? Nehmen wir an, daß ein Erzieher keine eigenen Kinder hat, die ihr Recht fordern, keine Familie, die ihn fesselt, keine materiellen Sorgen, die ihn beunruhigen, keine körperlichen Beschwerden, die an ihm zehren. Ganz der einen heiligen Sache der Erziehung hingegeben, muß er Reichtümer an Gefühl besitzen.

Wie soll er es davor bewahren, daß es zerbricht?

Und wenn er in das Haus zurückkehrt, das sein Haus sein soll, und es geht über seine Kräfte, alle herzlich zu begrüßen, hat er dann nicht das Recht, wenigstens einem zuzulächeln? Wenn er abends den Schlafsaal verläßt, ohne allen zärtlich „Gute Nacht" sagen zu können, darf er dann nicht manchmal dieses eine Kind oder auch zwei mit einem besonderen: „Schlaf ein, mein Sohn, schlaf gut, kleiner Lausbub" auszeichnen? Wenn er wegen kleiner Vergehen schimpft und bittere Vorwürfe macht, sollte er dann nicht auch mit einem Blick einem Kinde spürbar verzeihen dürfen?

Selbst wenn er sich irrt und seine Wahl nicht gerade auf ein Kind fällt, das es am meisten verdiente – was macht das schon aus? Die freundliche Regung, die es auslöst, deckt viele ungute Erfahrungen zu; das Lächeln, das es von dem geliebten Menschen empfängt, kommt vielen anderen zugute. Vielleicht gibt es Erzieher, denen die Kinder eines wie das andere gleichgültig oder verhaßt sind; aber keinem sind alle in gleicher Weise lieb.

1; 175f.

❖

Ich beobachtete einmal, wie ältere Jungen mit geheimnisvollem Flüstern ein paar kleinere Kerlchen ins Klosett mitnahmen. Nach einiger Zeit kamen die Kleinen – offensichtlich verlegen – wieder zurück. Es ist mir sehr schwer gefallen, sitzen zu bleiben und weiterzuschreiben. Und dann handelte es sich um ein unschuldiges Vergnügen. Da hatte einer von den größeren Jungen (er arbeitete bei einem Fotografen) eine Zigarrenkiste in eine Schürze gehüllt; dann ließ er die Kleinen, die sich fotografieren lassen wollten, unter einem Wasserhahn an der Wand Aufstellung nehmen. Als sie freundlich lächelnd auf die Aufnahme warteten, traf auf das Stichwort „drei" ein kalter Wasserstrahl ihre Köpfe.

Eine gute Lehre für die kleinen Jungen, in Zukunft besser aufzupassen; einmal mit Wasser begossen, werden sie kein zweites Mal auf ein geheimnisvolles Flüstern hin mit ins Klosett gehen. Erzieher, der du allzu einseitig um die Sittlichkeit der Kinder besorgt bist – ich fürchte, bei dir selbst ist etwas nicht ganz in Ordnung.

1; 164

❖

Der Arzt hat das Kind dem Tod entrissen; Aufgabe des Erziehers ist es, das Kind leben zu lassen und ihm zu dem Recht zu verhelfen, Kind zu sein.

3; 35

❖

Du, der du mit Kindern zu tun hast, du solltest dich lieber freuen! Du bist schon dabei, deine Vorurteile, deine sentimentalen Ansichten über Kinder aufzugeben. Du weißt bereits, daß du nichts weißt. Kinder sind nicht so, wie du gemeint hast, sie sind ganz anders. Ohne noch recht zu wissen, wohin es führen soll, suchst du bereits nach einem Weg. Du gehst in die Irre? Vergiß nicht, es ist keine Schande, in dem unermeßlich tiefen Wald des Lebens den Weg zu verfehlen. Selbst wenn du dich verirrst – schau dich gut um, und du wirst ein Mosaik aus lauter schönen Einzelbildern erblicken. Du leidest? Unter Schmerzen kommt die Wahrheit zur Welt.

Habe Mut zu dir selbst, und such deinen eigenen Weg. Erkenne dich selbst, bevor du Kinder zu erkennen trachtest.

Leg dir Rechenschaft darüber ab, wo deine Fähigkeiten liegen, bevor du damit beginnst, Kindern den Bereich ihrer Rechte und Pflichten abzustecken. Unter ihnen allen bist du selbst ein Kind, das du zunächst einmal erkennen, erziehen und ausbilden mußt.

1; 156

❖

Wenn auch nicht alle – die meisten Kinder haben Bewegung und Getümmel gern; von der Freiheit, sich zu tummeln und laut zu sein, hängt ihre physische und moralische Gesundheit ab.

Aber du mußt, obwohl du das genau weißt, immer wieder mahnen: „Sitzt ruhig und seid leise."

Du begehst immer wieder und konsequent den Fehler, den berechtigten Widerstand des Kindes zu bekämpfen. [...]

Es gibt Fehler, die du immer wieder begehen wirst, denn du bist ein Mensch und keine Maschine.

1; 178f.

❖

Der Erzieher sagt:

„*Meine* Methode, *meine* Ansicht." Wenn er auch theoretisch höchst unzureichend vorbereitet wäre, und wenn er auch nur eine geringe Anzahl an Arbeitsjahren hinter sich hätte, so wäre er dennoch berechtigt, so zu sprechen.

Aber er soll immer daran denken, daß diese Methode, diese Ansicht ihm unter bestimmten Umständen, in einer bestimmten Landschaft und mit spezifisch gearteten Kindern durch seine Arbeitserfahrung vermittelt worden ist. Er sollte seinen Standpunkt begründen, Beispiele anführen und sie durch besondere Einzelfälle belegen. Dann mag er – und ich würde das jederzeit befürworten – dazu berechtigt sein, sich auf das schwierigste und riskanteste Feld zu begeben: Mutmaßungen anzustellen oder Voraussagen zu treffen, was aus einem Kind werden wird.

Aber er soll immer daran denken, daß er sich irren kann. Keine Ansicht sollte zur absoluten Überzeugung oder zu einer stets gültigen Überzeugung werden. Möge der heutige Tag immer nur ein Übergang von der Summe der gestrigen Erfahrungen zu dem höheren Stande der Erfahrungen von morgen sein. [...]

Nur unter diesen Bedingungen wird die Arbeit des Erziehers weder monoton noch hoffnungslos werden. Jeder Tag wird ihm etwas Neues, Überraschendes, Ungewöhnliches bringen, jeder Tag wird um einen neuen Beitrag reicher sein.

1; 228f.

❖

Wenn ich im Kinde den unsterblichen Funken des den Göttern entwendeten Feuers wahrnehme, den Glanz frei sich entfaltender Gedanken, die Würde seines Zorns, den Schwung seines Eifers, herbstliche Trauer, opferbereite Anmut, ängstliche Hoheit, und ferner mutiges, fröhliches, vertrauendes, zupackendes Suchen nach Ursachen und Wirkungen, sowie unendlich mühevolle Versuche, beunruhigende Gewissensregungen – dann knie ich demütig nieder, denn ich bin geringer, schwach und ein Feigling.

Was bin ich euch, wenn nicht Ballast für euren freien Flug, Spinnweb auf euren bunten Flügeln, die Schere, die der blutigen Pflicht genügt, eure keimenden Triebe zu beschneiden.

Ich bin ein Hindernis auf eurem Weg, der ratlos hin und wieder Schwankende, der Krittler, der euch zusetzt, der Unaufrichtige, Verschweigende, farblos und lächerlich, wenn ich euch überzeugen möchte.

1; 181

❖

Ein armseliger Erzieher bist du: du weißt nicht einmal, daß ein Kind – ein Mensch ist.

1; 205

❖ ❖ ❖

Die Kinder aus dem Kindergarten werden außer bei Spielen und probeweiser Gartenarbeit auch für Arbeiten ihrem Reifegrad entsprechend eingesetzt. Sie legen Seife in Kartons, Spielsteine, Dominosteine, bereiten Binden vor, kleben Bilder, stempeln Coupons; sie betreuen das Federvieh der Farm und einige Bienenstöcke. Sie nähen Knöpfe an die Wäsche oder ordnen die Manuskriptseiten der Bücher, die zum Buchbinder gehen – schließlich haben sie Tagesdienst in verschiedenen Abteilungen des Internats. Es gibt keine Abteilung, wo die Arbeit fünfjähriger Kinder keine Verwendung fände. Reiches Material geben uns Fabriken, Werkstätten und schließlich die Beobachtungen aus dem Leben.

7; 55

❖ ❖ ❖

Vor allem muß man das Kind beobachten, verstehen und lieben lernen, dann erst wird man es lesen lehren; man soll die Jugendlichen zu Taten anhalten, sie sollen nicht nur wissen und können. Man soll sie zu Menschen erziehen und nicht zu Gelehrten.

7; 64

❖

Vielleicht haben Schulsorgen auch etwas für sich, und Mißerfolge und Schwierigkeiten regen einen zum Nachdenken an. Ein Dummkopf, der da wünscht, daß alles immer leicht vonstatten gehe.

Ein wenig begabter Bub hatte sich einmal folgendes Spiel ausgedacht:

„Wenn ich eine Rechenaufgabe mache, dann sind die Zahlen Soldaten. Ich bin ihr Anführer. Die Lösung – das ist die Festung, die ich erobern soll. Wenn es fehlschlägt, dann sammle ich die geschlagene Armee, entwerfe wieder einen Schlachtplan – und gehe erneut zum Angriff über.

Das Gedicht, das ich auswendig lernen soll, ist ein Flugzeug. Jedes Wort, das ich gelernt habe – das sind hundert Meter Höhe. Wenn ich mir's eingeprägt habe ohne Fehler – dazu gleite ich ruhig durch die Luft dahin, drei Kilometer auswendig gelerntes Gedicht. Es ist herrlich, wenn man kein einziges Mal steckenbleibt.

Wenn ich schreibe, dann bin ich Chauffeur. Die abgeschriebenen Buchstaben und Wörter – das ist der bereits zurückgelegte Reiseweg. Wenn es mir gelingt, eine ganze Zeile schön zu schreiben – dann ist das ein Wald, wenn sie häßlich ausfällt, dann ist es ein Sandweg oder ein Stück Sumpf. Und wenn ich fertig bin und die Tinte getrocknet ist – dann fahre ich mit einem Stöckchen darüber hinweg und brumme wie ein Motor.

Ich denke mir so mancherlei aus, damit es nicht langweilig wird."

Ein jeder hält nach anderen Methoden und Erleichterungen Ausschau. Manchmal eilt ein Freund zu Hilfe, anfangs erscheint es oft schwer oder uninteressant, aber dann hat man es plötzlich begriffen – und schon geht alles gut.

9; 124f.

❖

Über die Überlastung der Schüler wurden in Europa ganze Bibliotheken angefüllt; und dabei kann dieses so verzwickte Problem so einfach und schnell gelöst werden, wenn man bei dem Grundsatz bleibt, daß Aufgabe der Mittelschule nicht das Wissen, sondern die *kindliche Entwicklung* ist, kein Anfüllen der Köpfe mit unnötigem Ballast, sondern Vorbereitung auf das Leben, in das sie als *reife Menschen* eintreten. Ist es nicht sonderbar, daß die Schule das Reifezeugnis grundsätzlich dafür verleiht, daß der Schüler die Logarithmen kennt und die Mondfinsternis erklären kann. Wobei bekannt ist, daß derjenige reif für das Leben ist, der weiß, wofür er lebt, sein Verhältnis zu den Menschen und zu der Geschichte der Menschheit kennt – und sich daran hält.

Die Schule sollte eine Schmiede sein, wo die heiligsten Losungen ausgestemmt werden, alles, was Leben bedeutet, sollte von dort kommen – sie sollte am lautesten nach den Menschenrechten rufen, mit dem größten Mut und ohne Skrupel das anprangern, was im Leben sumpfig ist. Und dies kann nur eine nicht reparierte, zusammengeflickte und erneuerte Schule leisten, sondern nur eine von Grund auf andere – nicht eine vom Mond – nicht eine solche, wie wir sie heute überall finden.

7; 70f.

❖

Ein charakteristisches Merkmal ist, daß überall mehr Geld für Armeen als für Schulen ausgegeben wird, für Schrott – statt für zukünftige Bürger, zukünftige Menschen.

7; 68f.

❖

Die Behauptung, daß die Schule nicht erzieht, ist falsch. Jawohl, sie erzieht Roheit und Banditentum, Spitzelei und Denunziantentum.

Das machen nicht die Erzieher, das geschieht ohne ihr Zutun von selbst. Der Lehrer leistet Bildungsarbeit in deklamierender Form über hochfliegende Themen (Kameradschaft, Brüderlichkeit, Liebe, Schönheit). Er organisiert das Leben nicht nach den Prinzipien einer vernünftigen Gerechtigkeit, denn er mißachtet die kleinen Streitigkeiten und die unreife Meinung der Kindergesellschaft. Klagen duldet er nur insofern, als sie es ihm leichter machen, über die Sicherheit und Disziplin der Gruppe, über das gesamte schulische Inventar zu wachen. Der Lehrer urteilt stoßweise, eilig, oberflächlich, ohne Sachkenntnis. Die Strafen fallen unverhofft, je nach Laune und Augenblick. Notwendige Verbote werden vermischt mit relativen und undurchführbaren. Privilegien werden einzelnen aufs Geratewohl zugestanden oder, was noch schlimmer ist, ausschließlich nach deren Einstellung zu der eigenen Person des Erziehers, nicht aber zur Gemeinschaft der Kinder.

6; 42

❖

Die Schule alter Art predigt, daß der Schüler, der die Einzelheiten des Punischen Krieges nicht jeden Augenblick in seinem Gedächtnis parat hat, unwiderruflich ein Jahr seines Lebens verliert. Das Leben lehrt, daß ein Mensch, der seine Syphilis nicht ärztlich behandeln läßt, nicht nur ein ganzes Jahrzehnt seiner eigenen Existenz verliert, sondern darüber hinaus noch die Existenz von Dutzenden anderer Menschen gefährdet.

2; 52

❖

Erinnerst du dich: es begann mit der Frage, warum in der Schule nur das Singen, nicht aber das Pfeifen gelehrt wird. Ein Bub kann alle Vögel und Tiere nachahmen. Wir haben ein Rahmenprogramm für den Musikunterricht entworfen: in den unteren Klassen pfeifen, miauen, krähen, bellen, danach erst Mandoline spielen und auf dem Kamm blasen, und zum Schluß (in der siebten Klasse) Chopin.

3; 210f.

KINDER BESTIMMEN SELBST

„Kinder und Fische haben keine Stimme." Es wird über Kinder geredet und entschieden, aber nicht **mit** ihnen. Dem setzt Korczak die Idee einer „demokratischen Kinderrepublik" entgegen, die er in seinen Heimen zu verwirklichen versucht. Er gründet „demokratische Institutionen", in denen jeder zu Wort und zu seinem Recht kommt und die über die Angelegenheiten der Gemeinschaft entscheiden. Achtung, Vertrauen, Verstehen und Verzeihen werden „institutionell" eingeübt und geschützt. Kinder sollen sich bei der Lösung ihrer Lebensprobleme in geregelten Verfahren gegenseitig beraten, korrigieren und weiterhelfen können. Korczak begrenzt damit die pädagogische Intervention und beseitigt das Machtgefälle vom Erwachsenen zum Kind. Die Regeln der Gemeinschaft dienen der Sicherung und Einübung der von ihm so energisch eingeforderten Kinderrechte.

Menschliche Beziehungen können niemals konfliktfrei sein. Konflikte müssen durchgefochten werden. Aber auch in Kinderwelten herrscht keine Waffengleichheit. Es gibt Stärkere und Schwächere. Mit moralischen Appellen kann man solche Ungleichheiten nicht überwinden. Spielregeln müssen gefunden werden. Korczak vertritt ein modernes Konzept zum Ausgleich von persönlichen Interessen und Ansprüchen der Gemeinschaft: Er setzt auf die kindliche Persönlichkeit, die auch in der Gemeinschaft Verantwortung übernehmen kann und will. Er traut den Kindern zu, daß sie ein Grundethos der gegenseitigen Achtung und des Vertrauens entwickeln können, das jede Gemeinschaft benötigt. Regeln und Gesetze sollen Kindern nicht übergestülpt, sondern von den Kindern selbst als Ergebnis vernünftiger Überlegungen eingeführt werden. Institutionen sollen über die Einhaltung der Regeln wachen und die Intimsphäre und Persönlichkeit der Kinder schützen, andererseits jedoch auch Transparenz im Hinblick auf die Handlungen in der Gemeinschaft schaffen. Die Handlungen der Kinder und die der Erzieher dürfen das Licht der Öffentlichkeit nicht scheuen.

Als Organe der Selbstregierung und der Selbstverwaltung erprobt Korczak in den von ihm geleiteten Waisenhäusern ein Parlament, ein Kameradschaftsgericht, Wandtafeln, Zeitungen usw. Das Kinderparlament beschließt alle Regeln des Zusammenlebens, Gesetze werden hier bestätigt oder abgelehnt. In seinem Buch „König Macius" beschreibt Korczak, daß es zur Umkehrung der Machtverhältnisse zwischen Groß und Klein gekommen ist, nachdem die Kinder endlich ihr eigenes Parlament gegründet hatten. Das Kameradschaftsgericht urteilt über Verstöße. Hier entwickeln die Kinder und Erzieher Sensibilität für (Miß-)Achtung und Würde. Hier bemüht man sich um gegenseitiges Verstehen. Es ist eine Stätte der Gleichberechtigung und des Schutzes, ein Ort des Verstehens und Verzeihens ebenso wie ein Ort der Aufforderung zur Selbstbestimmung und zur Selbstdisziplin. Kinder können anklagen, ihre Klagen aber auch wieder zurückziehen. Auch die Erzieher müssen sich diesem Gericht stellen. Die Gerichtsverläufe werden genau protokolliert, Eingaben an das Gericht schriftlich ausgehängt, um auch vor- und außergerichtliche Einigungen zu ermöglichen. Die Kinder sollen bei Korczak zu Fachleuten für ihre eigenen Angelegenheiten werden, sich gegenseitig erziehen in durchgängiger wechselseitiger Verständigung. Die Erzieher müssen sich vor den Kindern verantworten; ihre Autorität beschränkt sich auf das vernünftig Erklärbare; das Gericht stellt für sie eine unübersehbare Kontrolle ihres Handelns dar. In der Einführung zu den Paragraphen ist zu lesen, daß das Gericht die Stillen beschützen muß, damit die Starken *ihnen nicht das Leben schwer machen. Die Paragraphen des Kameradschaftsgerichtes kennen übrigens zehn strafende und 99 verzeihende Artikel. Ermahnen und Verzeihen sind die Hauptfunktionen des Gerichts.*

Zu den Regeln des Zusammenlebens gehören jedoch auch die Pflicht zur Übernahme von Arbeiten, sogenannter Tagesdienste, die Betreuung jüngerer Kinder und die Sicherung der Intimsphäre und des Privateigentums jedes einzelnen.

Wir haben so gesagt:

– Sollen die Kinder sich selbst verwalten. Wenn sie das gut besorgen, dann werden sie sich wohl fühlen; wenn sie sich schlecht selbstverwalten, wird es ihnen schlecht ergehen. So werden sie lernen, gut zu führen; sie werden vorsichtig sein, denn sie streben danach, daß es ihnen gut geht.

Wir haben erklärt:

– Wir werden ein Parlament wählen. Die Kinder werden selbst die Abgeordneten wählen. Die Kinder werden selbst gewählt. Wer vier Stimmen hat, wird Abgeordneter des Parlaments. Dann wird jede Angelegenheit dem Parlament zur Entscheidung vorgetragen, und die Abgeordneten werden nach einer Besprechung entscheiden, was zu tun sei, damit es besser werde.

Wir dachten:

– Wir, die Erwachsenen, wissen viel über das Kind, aber wir können uns irren. Das Kind allein weiß, ob es sich wohl fühlt oder nicht.

Soll das Parlament entscheiden, was man tun soll, damit sich jeder ruhig ausschlafen kann, damit jeder in Ruhe beten kann, ruhig essen, lernen und spielen. Soll das Parlament selbst entscheiden, was man tun soll, damit einer den anderen nicht piesackt, ihn nicht stört, ihn nicht schlägt und nicht betrügt. Soll das Parlament selbst entscheiden, was man tun soll, damit es bei uns keine Tränen und Klagen gibt, damit es fröhlich bei uns zugeht. [...]

Die Kinder selbst geben Gesetze heraus, sie selbst werden sie durch ein eigenes Gericht hüten.

Jeder kann Richter sein.

7; 79ff.

❖

Vielleicht bin ich zu streng – aber ich finde, daß gerade das gemein, niederträchtig und schuftig ist:

Wehrlose zu quälen.

Schwache zu schikanieren.

Sich ohne Rücksicht auf die Tränen anderer lustig zu machen.

Diese Boshaftigkeit ist für den einzelnen Menschen wie auch für die gesamte Menschheit so ärgerniserregend, so empörend, so ekelhaft – zumal sie keinem Menschen nützt.

3; 153

❖

Felek eröffnete die Sitzung.

Er ließ eine Glocke ertönen und sprach:

„Die Sitzung ist eröffnet. Die Tagesordnung: Jedes Kind soll eine Uhr haben – Punkt eins. Man soll die Kinder nicht mehr abküssen – Punkt zwei. Die Kinder sollen mehr Taschen haben – Punkt drei. Es soll keine Mädchen mehr geben – Punkt vier."

In der Angelegenheit der Uhren hatten sich fünfzehn Redner zu Wort gemeldet. Ein Abgeordneter sagte, die Kinder brauchten die Uhren, weil sie rechtzeitig in der Schule sein müßten und sich nicht verspäten dürften. Die Erwachsenen würden leichter ohne Uhr auskommen, denn sie könnten besser im Kopf rechnen.

„Wenn Vaters oder Mutters Uhr nachgeht, warum muß ich darunter leiden", meinte ein zweiter Redner. „Wenn ich eine eigene Uhr habe, werde ich schon achtgeben, daß sie richtig geht."

„Eine Uhr brauchen wir nicht nur für die Schule", sagte ein dritter Abgeordneter. „Wenn wir uns zum Mittagessen oder abends verspäten, schimpft man uns aus. Aber wie sollten wir schuld sein, wir wissen doch nicht, wie spät es ist, denn wir haben keine Uhren."

„Auch für unsere Spiele brauchen wir eine Uhr", sagte ein vierter Abgeordneter. „Wenn wir um die Wette laufen oder probieren, wer länger auf einem Bein stehen kann, dann läßt sich das mit einer Uhr viel leichter feststellen."

„Und wenn wir uns für eine Stunde ein Boot ausleihen, betrügt man uns. Man sagt, eine Stunde ist um, aber das ist eine Lüge. Und zahlen müssen wir für eine ganze Stunde."

Felek klingelte erneut.

„Wir kommen zur Abstimmung. Mir scheint, der Beschluß, alle Kinder sollten eine Uhr haben, ist einstimmig angenommen."

Jedoch fanden sich neun Abgeordnete, die keine Uhren wollten. Sogleich eilte der Journalist zu ihnen und erkundigte sich nach dem Grund. Wir werden anfangen, die Uhren auseinanderzunehmen, und sie werden entzweigehen. Es wäre schade um das Geld, auch könnte man sie verlieren. Geht man auf den Händen, so fällt die Uhr heraus und geht kaputt. Nicht einmal alle Erwachsenen besitzen Uhren, also werden sie uns beneiden. Uhren sind für uns gar nicht nötig. Vater würde mir die Uhr wegnehmen, verkaufen und das Geld vertrinken."

Und wieder klingelte Felek.

„Der Beschluß wurde mit großer Mehrheit bei neun Gegenstimmen angenommen."

Einstimmig beschloß man, nicht jeder sollte das Recht haben, die Kinder zu küssen. Auch das Streicheln wurde abgelehnt, und man wollte niemandem mehr auf den Knien sitzen, um gehätschelt und getätschelt zu werden. Den Eltern könne man diese Rechte wohl einräumen, nicht aber den Tanten. Es wurde eine Kommission gewählt, die das Gesetz in allen Einzelheiten erarbeiten sollte. Und danach würde man noch einmal abstimmen.

Zum Punkt drei der Tagesordnung wurde beschlossen, daß die Mädchen zwei und die Jungen sechs Taschen haben sollten. Klu-Klu war empört. Warum sollten den Mädchen vier Taschen weniger zustehen als den Jungen? Aber sie sagte noch nichts und wartete, was weiter geschehen würde.

Felek klingelte. Man wollte über die Mädchen sprechen.

Und es begann:

„Die Mädchen sind Heulliesen. Mädchen schwatzen, petzen, geben an. Sie sind schwächlich, ungeschickt und eingebildet. Sie sind schnell beleidigt und haben immer Geheimnisse. Sie kratzen."

Die armen Mädchen aber sitzen nur da und haben Tränen in den Augen.

Da ruft Klu-Klu von der Königsloge aus:

„Ich bitte ums Wort!"

Es wird still.

„In Afrika sind die Mädchen genauso geschickt wie die Jungen, sie laufen ebenso schnell, klettern auf die Bäume und schlagen Purzelbäume. Ich verstehe nicht, wie das bei euch ist. Fortwährend streiten die Jungen mit den Mädchen, stören sie beim Spiel, wollen aber selbst nicht mit ihnen spielen. Ich schaue mir das an und sehe, daß zwar nicht alle Jungen Schlingel sind, daß es aber davon unter ihnen mehr gibt als unter den Mädchen."

„Oho, ho", ließen sich einzelne Stimmen vernehmen.

Felek klingelte; man sollte nicht stören.

„Jungen sind grob, immer schlagen sie sich, ihre Hände und Ohren sind schmutzig. Jungen zerreißen ihre Kleidung, sie lügen und betrügen."

„Oho, ho." Wieder wurden Stimmen laut.

Wieder klingelte Felek; man sollte sie nicht unterbrechen.

„Jungen reißen Seiten aus ihren Heften und machen Bücher kaputt. Sie wollen nicht lernen. Sie lärmen und zerschlagen Scheiben. Sie halten sich zugute, daß die Mädchen in Europa schwächer sind, denn sie tragen Kleider und haben lange Haare ..."

„Sollen sie sich doch die Haare abschneiden."

„Und Hosen anziehen."

Felek läutete.

8; 194ff.

❖ ❖ ❖

Das Gericht ist unbedingt notwendig und läßt sich durch nichts ersetzen.

Das Gericht muß einen bedeutenden Platz in der Erziehung einnehmen. [...]

Ich selbst habe mich im Verlaufe eines halben Jahres fünfmal dem Gericht gestellt.

Einmal, weil ich einem Jungen eins hinter die Ohren gegeben hatte, einmal, weil ich einen Jungen aus dem Schlafsaal hinausgeworfen hatte, einmal, weil ich einen in die Ecke gestellt hatte, einmal wegen Beleidigung eines Richters und einmal, weil ich ein Mädchen des Diebstahls beschuldigt hatte. In den ersten drei Fällen erhielt ich § 23, im vierten § 71, im letzten § 7. Jedesmal legte ich eine umfangreiche schriftliche Aussage vor.

Ich behaupte mit aller Entschiedenheit, daß diese wenigen Fälle Grundstein meiner eigenen Erziehung zu einem neuen „konstitutionellen" Pädagogen waren, der den Kindern kein Unrecht tut, nicht weil er sie gern hat oder liebt, sondern weil eine Institution vorhanden ist, die sie gegen Rechtlosigkeit, Willkür und Despotismus des Erziehers schützt.

1; 352f.

❖

Oft vermittelte mir ein einziger Fall eine zutreffendere Charakterisierung eines Kindes als ein Zusammenleben von vielen Monaten. Manchmal gewann ich auf diese Weise einen besseren Einblick in einen Kreis als durch eine mehrmonatige lockere Beobachtung.

1; 348

❖

Das Gericht ist keine erfreuliche Einrichtung – das stimmt. Aber es ist auch nicht zum Vergnügen entstanden. Seine Aufgabe ist es, Recht und Ordnung zu wahren und dafür zu sorgen, daß der Erzieher nicht gezwungen wird, wie ein Hirt oder

Pferdeknecht mit Knüppel und Geschrei Gehorsam zu erzwingen, sondern ruhig und verständig, gemeinsam mit den
Kindern, erwägen, beraten und beurteilen kann, mit den Kindern, die oft besser wissen, wer recht hat, oder auch inwieweit
einer nicht recht hat. Aufgabe des Gerichtes ist es, wilde Sze-
nen durch Gedankenarbeit zu ersetzen, Zornesausbrüche in
pädagogische Einwirkungen zu verwandeln.

1; 339

❖

Wenn ich dem Gerichtswesen unverhältnismäßig viel Platz
einräume, dann in der Überzeugung, daß es zum Ausgangs-
punkt für die Gleichberechtigung des Kindes werden kann, zu
einer verfassungsmäßigen Regelung führt und zur Verkün-
dung einer Deklaration der Rechte des Kindes zwingt. Das
Kind hat ein Recht darauf, daß seine Angelegenheit ernsthaft
behandelt und gebührend bedacht wird. Bis jetzt hing alles
vom guten Willen und von der guten oder schlechten Laune
des Erziehers ab. Das Kind war nicht berechtigt, Einspruch zu
erheben. Dieser Despotismus muß ein Ende haben.

Das Gesetzbuch des Kameradschaftsgerichtes
Wenn jemand etwas Böses getan hat, so ist es am besten, ihm
zu verzeihen. Wenn er es getan hat, weil er es nicht besser
wußte, so weiß er es jetzt. Wenn er unabsichtlich etwas Böses
getan hat, so wird er in Zukunft vorsichtiger sein. Wenn einer
etwas Böses getan hat, weil es ihm schwerfällt, sich anzupas-
sen, wird er sich nun damit Mühe geben. Wenn es geschehen
ist, weil jemand ihn dazu überredet hat, so wird er dem in Zukunft nicht mehr folgen.

Wenn einer etwas Böses getan hat, so ist es am besten, ihm
zu verzeihen und zu warten, bis er sich bessert.

Aber das Gericht muß die Stillen beschützen, damit die
Starken ihnen nicht das Leben schwer machen; das Gericht
muß die Gewissenhaften und Arbeitsamen gegen die Nach-

lässigen und Faulpelze in Schutz nehmen, das Gericht muß um Ordnung besorgt sein – denn Schlamperei beeinträchtigt vor allem die guten, stillen und gewissenhaften Menschen.

Das Gericht ist nicht die Gerechtigkeit selbst, aber es sollte nach Gerechtigkeit streben, das Gericht ist nicht die Wahrheit, aber es ist um Wahrheit bemüht.

Richter können sich irren. Richter können Taten bestrafen, die sie selbst begehen, und sagen, das, was sie selbst tun, sei schlecht.

Aber es ist eine Schmach, wenn ein Richter bewußt ein unehrliches Urteil fällt.

Wie macht man eine Anzeige ans Gericht?
An einer sichtbaren Stelle hängt eine Tafel. Jeder hat das Recht, auf dieser Tafel seine Sache einzutragen: den eigenen Namen und den Namen dessen, den er dem Gericht anzeigt. Man kann bei Gericht die eigene Person, jedes Kind und jeden Erzieher, jeden Erwachsenen anzeigen. Jeden Abend trägt der Sekretär die Anzeigen in ein Buch ein, und am Tage darauf sammelt er die Aussagen ein. Aussagen können mündlich oder schriftlich gemacht werden.

Die Richter
Das Gericht tritt einmal wöchentlich zusammen. Die Richter werden durch das Los aus dem Kreise derer bestimmt, gegen die im Laufe einer Woche keine Streitsache anhängig war. Zur Verhandlung von je fünfzig Rechtssachen werden fünf Richter ausgelost.

Es kann vorkommen, daß einhundertzwanzig Klagesachen zur Verhandlung anstehen. Fünfzehn Richter werden gebraucht. Aber es gibt nicht so viele, die im Verlaufe einer Woche keine einzige Rechtssache hatten. Liegen die Dinge so, dann erfolgt die Auslosung aus der ganzen Gemeinschaft; aber die Kollegien werden so zusammengestellt, daß keiner in eigener Sache zu Gericht zu sitzen hat.

Die Urteile werden in Übereinstimmung mit dem Gesetzbuch gefällt, wobei der Sekretär das Recht hat, im Einverständnis mit den Richtern manche Rechtsfälle zur Überprüfung an den Gerichtsrat oder zur öffentlichen Verhandlung zu überweisen, damit alle zuhören und jede Einzelheit erfahren können. Der Sekretär des Gerichts ist ein Erzieher. Die Urteilssprüche werden in ein Buch eingetragen und vor allen Kindern verlesen. Wer mit seinem Urteil unzufrieden ist, kann seinen Rechtsfall zur erneuten Verhandlung stellen lassen, jedoch nicht vor Ablauf eines Monats.

Der Rat des Gerichts
Der Rat des Gerichts setzt sich aus einem Erzieher und zwei Richtern zusammen, die in geheimer Abstimmung für drei Monate gewählt werden.

Der Gerichtsrat arbeitet außer den Urteilen Gesetze aus, die für alle verbindlich sind.

Da die Richter des Rates auch Streitsachen haben können, werden fünf Richter in den Gerichtsrat gewählt, von denen nur drei zu Gericht sitzen.

Der Sekretär
Der Sekretär ist nicht als Richter tätig, er sammelt nur die Aussagen und verliest sie während der Sitzungen. Der Sekretär ist für die Gerichtstafel verantwortlich, er führt das Buch mit den Aussagen und Urteilssprüchen, die Tafel, auf der die Schadensfälle verzeichnet werden, er verwaltet den Verlustfonds, legt die Urteilskurve an und redigiert die Zeitung.

Das Gericht als Ordnungshüter
Wenn jemand zu spät kommt, Krach macht, stört, seine Sachen nicht auf ihren Platz legt, die Reihenfolge nicht einhält, alles verdreckt und das Haus verunreinigt, dort hineingeht, wohin der Eintritt verboten ist, anderen zusetzt, sich zankt und herumprügelt, der untergräbt die Ordnung.

Man muß bedenken, was man dagegen tun kann.

Das Gericht kann ihm verzeihen und erklären, er habe schlecht gehandelt, oder den Rat bitten, ihm doch zu gestatten, einige Male im Monat von der Hausordnung abzuweichen.

Der Rat kann ihm Zeit geben, über sich selbst nachzudenken. Er kann dem einen erlauben, was keiner sonst darf: soll er ruhig eine Ausnahme bilden.

Sorge für die Erfüllung natürlicher Pflichten
Wer nicht lernen oder arbeiten will, wer alles nachlässig macht, der schadet sich selbst und nutzt keinem.

Wenn das Gericht nichts dagegen tun kann, muß man sich an den Rat wenden. – Vielleicht ist der Betreffende krank, vielleicht muß man ihm Zeit geben, sich einzugewöhnen, möglicherweise muß man ihn ganz von der Arbeit befreien?

Sorge um die Menschen
Unterschiedliche Menschen leben hier zusammen. Dieser ist klein, jener groß; der eine ist kräftig, der andere schwächlich; dieser ist klug, jener weniger gescheit; der eine ist fröhlich, der andere traurig; einer ist gesund, dem anderen tut etwas weh. Das Gericht wacht darüber, daß der Große dem Kleinen nichts antut und der Kleine den Älteren nicht stört. Daß der Gescheite den Dümmeren nicht ausnutzt und sich nicht über ihn lustig macht. Daß der Zänkische die anderen nicht quält, aber daß auch er nicht schikaniert wird. Daß der Fröhliche keine dummen Witze über die Traurigen macht.

Das Gericht muß darauf bedacht sein, daß jeder hat, was er braucht, daß es keine Unglücklichen und Verärgerten gibt.

Das Gericht kann verzeihen, aber es kann auch erklären, daß einer unrecht gehandelt hat, schlecht, sogar sehr schlecht.

Schutz des Eigentums
Garten, Hof, Haus, Wände, Türen, Fenster, Treppen, Öfen, Fensterscheiben, Tische, Bänke, Schränke, Stühle, Betten –

wenn man sie nicht sorglich behandelt, verkommen sie, werden ruiniert, schmutzig und unansehnlich. Ebenso Mäntel, Anzüge, Mützen, Taschentücher; Teller, Becher, Löffel, Messer – wenn man sie verliert, verschleißt, zerbricht, zerschlägt, dann ist es doch schade darum. Auch auf Bücher, Hefte, Federn, Spielzeug muß man achten und sie nicht verderben. Manchmal ist der Verlust gering, manchmal größer, einmal ist der Kummer klein, dann wieder groß. Wer einen Schaden angerichtet hat, meldet sich beim Gericht, das abwägt, ob er den Verlust selbst zu tragen hat oder ob der Schaden aus dem Gerichtsfonds gedeckt werden soll.

Das betrifft auch das private Eigentum der Kinder.

Schutz der Gesundheit

Krankheit, Gebrechen und Tod – das sind schlimme Schicksalsschläge. Eine neue Fensterscheibe kann man einsetzen, einen verlorenen Ball wiederkaufen; aber was soll man tun, wenn einem ein Auge ausgeschlagen wird? Selbst wenn sich kein Unglück ereignet hat, ist es erforderlich, daß alle daran denken, wie notwendig es ist, vorsichtig zu sein.

Der Gerichtsrat beschließt, wie lange eine Bekanntmachung über einen Unglücksfall oder eine Krankheit, die durch Unvorsichtigkeit verursacht worden ist, an der Gerichtstafel aushängen soll.

Man weiß nicht, wer ...

Man weiß nicht, wer das gemacht hat. Niemand will es zugeben. Wenn man sich sehr bemüht, kann man es immer herausbekommen. Aber wie unangenehm ist es, zu fahnden, nachzuforschen, zu verdächtigen. Wenn etwas passiert ist, und man weiß nicht, wer es getan hat, erfolgt eine Anzeige gegen Unbekannt bei Gericht, ein Verfahren findet statt, die Richter beraten, und das Urteil wird an der Gerichtstafel ausgehängt. Wenn es sich um eine Tat handelt, die für die ganze Anstalt schmachvoll ist, beschließt der Rat, einen schwarzen

Flicken zum Zeichen der Trauer auf die Anstaltsfahne zu heften.

Alle machen es so ...
Wenn sich eine Sache oft wiederholt und man kann nicht alle vor Gericht stellen, muß man bedenken, was zu tun sei.

„Alle kommen zu spät. Niemand hängt seine Mütze auf." Das stimmt nicht, nicht alle, sondern viele. Einer macht das ein paarmal in der Woche, ein anderer einmal im Monat. Aber es trifft zu, es herrscht Unordnung.

Der Rat beschließt, eine graphische Darstellung auszuhängen, oder er unternimmt etwas anderes, um der Schlamperei ein Ende zu setzen.

Ausnahmen
Einer kann sich nicht einfügen, einer stellt sich außerhalb von Gesetz und Recht. Man hat alles versucht, nichts hat geholfen. Was soll man tun? – Wenn wir einem gestatten, was allen verboten ist, oder wenn wir ihn von dem befreien, was alle tun müssen, wird sich das nicht schlimm auswirken?

Der Rat des Gerichts kann einen zum Ausnahmefall erklären, bis er selbst darum bittet, es nicht mehr sein zu wollen. Der Rat befindet darüber, ob diese Ausnahmefälle an der Gerichtstafel ausgehängt werden sollen.

§§ 1–99
Es gibt neunundneunzig freisprechende Paragraphen oder solche, die besagen: das Gericht hat den Fall nicht behandelt. Danach ist alles so, als hätte es diesen Rechtsfall nie gegeben, oder aber der Schatten einer Schuld verpflichtet den Angeklagten, sich Mühe zu geben, damit dies nicht wieder vorkommt.

1; 304 ff.

❖

Ein solcher Versuch ist auch unser Kameradschaftsgericht.

Das Kameradschaftsgericht befindet, ob einer recht hat oder unrecht, das Gericht verzeiht ihm, oder es verzeiht ihm nicht, ist erzürnt und wendet den Paragraphen 100 an – das bedeutet, daß das Gericht verstimmt ist – oder die Paragraphen 200, 300, 400. [...]

In der einleitenden Erklärung zur Einrichtung des Kameradschaftsgerichtes heißt es:

„Wenn jemand etwas Böses tut, so ist es am besten, wenn man ihm verzeiht." [...]

In unserem Kodex gibt es den Paragraphen eins.

Der erste Paragraph besagt: „Die Klage wurde zurückgezogen."

Das bedeutet, daß derjenige, der Anzeige gemacht hat, von sich aus verzeiht.

Von allen Paragraphen kommt dieser am häufigsten vor. [...]

Je länger das Gericht bestehen wird, desto mehr werden wir es uns abgewöhnen, böse zu werden, zu schimpfen und zu bestrafen; um so größere Bedeutung wird nicht nur der Paragraph einhundert haben, sondern auch jene Paragraphen, die Verzeihung gewähren.

1; 318 ff.

❖

Einmal in der Woche werden fünf Richter ausgewählt, und sie haben über die wichtigsten Angelegenheiten zu entscheiden. Wenn jemand sehr quält, die Ordnung mißachtet, stört, schlägt, stiehlt und nicht das tun will, was das Parlament verordnet hat, so wird diese Angelegenheit vor das Gericht gebracht, und wiederum werden die Kinder entscheiden, wer recht hat.

Die Richter werden den Freispruch erwirken oder eine Strafe verhängen.

Die Richter werden vergeben, wenn jemand Böses aus Unwissenheit oder Unkenntnis begangen hat. Die Richter werden vergeben, wenn jemand Böses getan hat, er sich jedoch bemüht, das Unrecht wiedergutzumachen, und er bereut. Die Richter werden vergeben, wenn jemand im Zorn oder im Scherz zugeschlagen hat, oder wenn er etwas versehentlich tat, oder aus Unbedachtsamkeit.

Die Richter werden nicht vergeben, wenn jemand überhaupt nicht gehorchen will, sich nicht bemüht und sich nicht bessern will. Dann vergeben die Richter nicht und verhängen eine Strafe.

Was für Strafen wird es geben?

Die Erwachsenen haben verschiedene Arten von Strafen. Alle Strafen sind in einem Buch zusammengefaßt, und dieses Buch wird Strafgesetzbuch genannt.

Wir werden auch ein Strafgesetzbuch haben.

In diesem Kodex werden alle Strafen der Reihenfolge nach vermerkt: die erste lautet so, die zweite so, die dritte so und so. Nummer eins, die Strafe Nummer zwei, Nummer drei – die und die Strafe. Diese Nummern im Strafgesetzbuch nennen sich Paragraphen.

Auch in unserem Strafgesetzbuch wird es Paragraphen geben.

Wenn die Richter behaupten, daß jemand etwas Böses getan hat und seine Tat unter § 1000 fällt – dann heißt das, daß er „Unser Haus" verlassen muß.

Wenn jemand § 900 bekommt, dann kann ihn ein gutes Kind unter seinen Schutz stellen und ist für alle seine weiteren Taten mitverantwortlich. Wenn ihn niemand betreuen will – muß er „Unser Haus" verlassen. Das bedeutet dann, man hat ihn hinausgeworfen. Er wird nicht hinausgeworfen, er geht aus freien Stücken, denn er will sich nicht unseren Gesetzen unterordnen. Vielleicht findet er ein anderes Heim mit anderen Hausordnungen, und dort wird er sich wohl fühlen.

Wenn jemand § 800 bekommt, dann wird er für eine Woche aus dem Gericht ausgeschlossen, er kann jedoch bei uns weiterwohnen und essen, aber er ist nicht mehr einer von uns, er ist ein Fremder: er kann jedoch bleiben.

Wer § 700 bekommt, dem wird erklärt, daß er Unrecht getan hat, und man berichtet in einem Schreiben seiner Mutter oder seinem Vater, seiner Tante und der ganzen Familie davon.

Wer § 600 bekommt, der muß an der Tafel öffentlich bekanntgeben, daß er Unrecht getan hat.

Wer § 500 bekommt, über den berichtet man in der Wandzeitung.

Bei § 400 sagt man lediglich, daß er unrecht gehandelt hat.

§ 300 – er hat schlecht gehandelt

§ 200 – er hat unrecht getan

§ 100 – ist die geringste Strafe: das Gericht verkündet nur, daß man nicht vergeben kann.

Im Warschauer „Waisenhaus" besteht das Gericht schon seit zwei Jahren, und nur einmal wurde das Urteil nach § 1000 und nur zweimal nach § 600 verkündet. Denn die Richter sind selbst Kinder und wissen, wie schwer es ist, kein Unrecht zu tun, und sie wissen auch, daß sich jeder bessern kann, wenn er nur will und sich ernstlich bemüht.

Die Strafen unseres Kameradschaftsgerichts, die Paragraphen unseres Strafgesetzbuches sehen keine Prügelstrafe vor, sie schließen niemanden in dunkle Kammern ein, sie verweigern niemandem weder Essen noch Spiel. Die Paragraphen unseres Strafgesetzes sind nur Verwarnungen und Mahnungen.

Sie sagen aus:

– Du hast unrecht getan, schlecht, sehr schlecht. Bemühe dich, gib acht!

7; 82f.

❖ ❖ ❖

Aber auch über das Kind beraten und entscheiden sie; wer wird schon so naiv sein, Kinder nach ihrer Meinung zu fragen oder gar ihre Zustimmung einzuholen; was kann ein Kind denn schon zu sagen haben! [...]

Aber das ratlose Kind beschäftigt sich derweil mit seinen Schulbüchern, seinen Bällen und Puppen; es spürt, daß über seinen Kopf hinweg wichtige und einschneidende Entscheidungen über sein Wohl und Wehe gefällt werden, die es bestrafen und belohnen, oder gar zerbrechen – und es hat keinen Einfluß darauf.

3; 9f.

❖

Das Kind ist kein Soldat, es verteidigt das Vaterland nicht, aber es leidet mit ihm.

Um eine politische Meinung braucht man sich bei ihm nicht zu bemühen; es ist ja kein Wähler: es droht nicht, es fordert nicht, es sagt nichts.

3; 13

❖

Am nächsten Tage, bei einer Unterhaltung im Walde sprach ich zum erstenmal nicht *zu* den Kindern, sondern *mit* ihnen, und ich sprach nicht davon, wie sie nach meinem Wunsche sein sollten, sondern darüber, was sie selbst sein wollten und könnten. Vielleicht überzeugte ich mich damals zum erstenmal davon, daß man von Kindern viel lernen kann, daß auch sie ihre Forderungen und Bedingungen stellen, und daß sie das Recht haben, auch Vorbehalte anzumelden.

1; 247

❖

Ein Kind denkt nicht weniger, nicht ärmlicher, nicht schlimmer als die Erwachsenen, es denkt nur anders. In unserem

Denken sind die Bilder verblichen und zerrissen, die Gefühle dumpf und verstaubt. Ein Kind denkt mit dem Gefühl, nicht mit dem Verstand. Darum ist es so schwierig, sich mit ihm zu verständigen, deshalb gibt es keine schwerere Kunst, als zu Kindern zu sprechen. Lange meinte ich, Kinder müsse man leicht verständlich, unterhaltsam, bildhaft und überzeugend anreden. Heute glaube ich, daß wir kurz und von Herzen sprechen sollten, ohne lange nach passenden Ausdrücken und Redewendungen zu suchen – ganz einfach aufrichtig. [...]

Kinder zusammenzurufen, sich vor ihnen zu beschweren und sie zurechtzuweisen – und dann ihre Zustimmung zu erzwingen – das ist keine Versammlung.

Kinder zu versammeln, ihnen eine rührende Ansprache zu halten, einige auszuwählen, damit sie Pflichten und Verantwortung übernähmen – das ist keine Versammlung.

Kinder zusammenzurufen und ihnen zu sagen, daß ich mir keinen Rat weiß, sie sollten sich etwas ausdenken, damit es besser werde – das ist keine Versammlung.

Lärm, Tumult – eine Abstimmung nur der Form halber – das ist das Zerrbild einer Versammlung.

Häufige Ansprachen und zahlreiche Versammlungen entwerten die Methode, eine gemeinsame Beeinflussung zu erreichen mit dem Ziel, eine Sache in Angriff zu nehmen oder einen schwierigen Punkt zu klären.

Eine Versammlung soll sachlich sein, die Bemerkungen der Kinder müssen aufmerksam und redlich angehört werden – keine falschen Töne und kein Druck – die Entscheidung muß bis zu dem Augenblick offen bleiben, in dem der Erzieher den Plan seines Vorgehens ausarbeitet. Wenn ein Erzieher etwas nicht weiß, nicht kann oder nicht zu tun vermag, haben auch die Kinder das Recht, etwas nicht zu wissen und nicht zu können.

Und keine Versprechungen, die man nicht einhalten kann! Törichte und gedankenlose Kinder versprechen leicht etwas, verständige und ehrliche ärgern sich darüber und machen spöttische Bemerkungen.

Die Fähigkeit, sich mit Kindern zu verständigen, will erarbeitet sein. Das kommt nicht von selbst! Ein Kind muß wissen, daß es erlaubt ist und daß es sich lohnt, aufrichtig seine Meinung zu sagen, daß es weder Ärger noch Unwillen erregt und daß es verstanden wird. Aber das ist noch nicht genug: es muß sicher sein, von seinen Kameraden weder ausgelacht noch verdächtigt zu werden, sich einschmeicheln zu wollen. Eine Versammlung erfordert eine saubere und würdige moralische Atmosphäre. Es gibt kein zweckloseres Theaterspiel, als Wahlen und Abstimmungen zu veranstalten, die zu einem für den Erzieher günstigen Ergebnis zu führen haben.

Außerdem müssen Kinder es lernen, Versammlungen abzuhalten. Es ist nicht leicht, etwas ordnungsgemäß in der ganzen Gemeinschaft zu beraten.

Noch eine Bedingung: es ist nicht richtig, die Teilnahme an Beratungen und Abstimmungen zu erzwingen. Es gibt Kinder, die sich an solchen Erörterungen nicht beteiligen wollen – soll man sie dazu zwingen?

1; 301f.

KINDER-ALLTAG

Kinder leben mit Eltern, Geschwistern oder Großeltern zusammen, sie wohnen in der Stadt oder auf dem Land, in wohlhabenden oder ärmlichen Verhältnissen, sie besuchen den Kindergarten oder die Schule. Eltern und Großeltern, Erzieherinnen, Lehrer und Außenstehende erziehen die Kinder. Heute würde man sagen, Kinder werden sozialisiert. Vor 40 Jahren klagte Korczak, Kinder bekämen in diesem kalten und künstlichen Leben fast keine Luft mehr, und er fordert eine Revolutionierung der Kinderwelt. Kinder sollen die Möglichkeit haben, an der Gestaltung ihrer Welt beteiligt zu sein. Kinder sollen ihre Welt heute und hier verändern, sie sollen zuversichtlich und handlungsfähig sein. Es geht um sie selbst. Sie sollen aufrecht durch das Leben gehen. Kinder kommen ungekrümmt zur Welt. Sie sollen sich nicht schon früh krümmen müssen, um zu „Häkchen" zu werden, nur weil die erwachsenen, gekrümmten „Haken" sich nur „Häkchen" in ihrer Nachfolge vorstellen können.

Korczak geht es nicht darum, wie Kinder erzogen werden können und wie ihre Fähigkeiten sich am besten entwickeln lassen. In der Begegnung des Kindes mit dem Erwachsenen ist das „Wer" des Kindes entscheidend. Das Kind ist nicht Objekt, sondern Subjekt. Der Erzieher hat sich mit ihm auseinanderzusetzen.

Eltern und Erzieher sollten Kinder als Spezialisten für ihre eigenen Angelegenheiten betrachten und alles daran setzen, ihnen die Welt verstehbar zu machen. Wir dürfen ihr Leben nicht ständig an unserem erwachsenen Leben messen und deuten. *Diese Nichtachtung tadelt Korczak unermüdlich und warnt gleichzeitig vor ihren Folgen.*

Ein Kind zu lieben heißt, die Welt mit seinen Augen zu sehen, es genau zu beobachten: Was entdeckt es bei seiner Krabbeltour durch die Wohnung? Freut es sich, wenn die Familie in eine andere Wohnung umzieht, oder ist es traurig? Wieviel bekommen Kinder von den Sorgen ihrer Eltern mit, was bedeuten ihnen Geschwister?

Korczak beobachtet Kinder, hört und sieht ihnen zu und notiert seine Erfahrungen aus der alltäglichen Begegnung mit ihnen. Eltern und Erziehern bieten seine Aufzeichnungen auch heute noch eine Vielzahl von Anregungen dafür, wie man Kinder liebevoll, aufmerksam und verständnisbereit durch ihren Alltag begleiten kann.

Merke: Entweder das Leben der Erwachsenen
– am Rande der Kinderwelt. Oder das Leben
der Kinder – am Rande der Erwachsenenwelt.
Wann wird jener glückliche Augenblick
kommen, da das Leben der Erwachsenen und
das der Kinder gleichwertig nebeneinanderstehen werden?

3; 205

Menschen können in der Großstadt, in der Kleinstadt oder auf dem Dorf wohnen. Das Elternhaus kann eine Hütte sein oder ein Gutshof, eine Kammer in einem Holzhaus, ein oder mehrere Zimmer in einem hohen gemauerten Haus oder auch ein Palast. Das Haus kann den Eltern gehören, oder sie können es von einem anderen Besitzer um ein monatliches Entgelt gemietet haben. Wer seine Wohnung nicht bezahlen kann, der muß ausziehen.

Davon wissen Kinder nichts, ihre unbeschwerten Gedanken sagen nur: Hier ist meine Mama und mein Papa, hier ist mein Bett und mein Spielzeug, hier schlafe und esse ich, und wenn es kalt wird oder regnet, dann suche ich Schutz in diesem Haus. So wie der Vogel in seinem Nest.

Erst später lernt das Kind andere Wohnungen kennen; es guckt sich um, tut ein bißchen fremd und hat ein bißchen Angst. Es sieht andere Mütter, andere Tische, Betten und Schränke. Es staunt, überlegt, vergleicht und kennt sich schließlich aus.

Ein schon etwas älterer Bub aus einer Kleinstadt sagte einmal: „Ich habe mir immer vorgestellt, in Warschau wären hohe Berge und Meer und Schiffe, und überall Denkmäler wie auf einem Friedhof. Ich weiß wirklich selbst nicht mehr, was ich mir so alles vorgestellt habe."

Oft verwischt sich die Grenze zwischen Wirklichkeit, Traum und Märchen.

Ein älteres Mädchen meinte einmal:

„Ich kann mir gar nicht vorstellen, wie Menschen im Winter auf dem Lande leben können. Überall liegt Schnee, es ist bitter kalt, und dann dort festsitzen."

Erst wenn der Mensch seine eigene Behausung gut kennengelernt hat, beginnt er, über anderes und weiter Entferntes nachzudenken. Ganz so, als wenn er in Gedanken Reisen in unbekannte Länder unternähme.

Denn ein kleines Kind hat sehr viel Arbeit, bis es die eigene Behausung begriffen hat. Wer älter ist, erinnert sich nicht mehr, wie er die Zimmer, die Fußböden, die Decken und Wände betrachtet, wie viele unverständliche und verworrene Dinge er da gesehen hat und wie vielen Überraschungen und Geheimnissen er damals begegnet ist.

Zum Beispiel die merkwürdige Lampe, die immer anders ausschaut, bei Tage, am Abend und in der Nacht. Und dann die Uhr, die tickt und schlägt. Was mag wohl in ihr sein, und warum und wozu? Die Mama schaut auf die Uhr und weiß, daß der Papa bald heimkommen wird. Diese Uhr weiß gleichsam, was außerhalb des Hauses geschieht, sie weiß, wann es dunkel wird, sie ruft zum Essen, zum Schlafengehen und zum Aufstehen. Nicht einen Augenblick lang bleibt sie stumm, die leise Stimme an der Wand. Und merkwürdig ist auch der Spiegel. Er ist ganz anders als die Bilder. Mancherlei Dinge kann man in ihm sehen. Wenn die Mama sich vor den Spiegel stellt, dann ist sie auf einmal zweimal da.

„Und das bin ich!"

Das Kind hebt die Hand, es streckt die Zunge heraus, hält eine kleine Katze hin, hebt das Schürzchen hoch – und im Spiegel passiert genau dasselbe.

An den Wänden hängen Bilder und Photographien – und sie sagen etwas aus und bedeuten etwas ganz Bestimmtes, aber das kleine Kind mag sie entweder, oder es mag sie nicht, es hat Freude daran oder Angst davor.

Es hat einen Stuhl umgeworfen, es ist erschrocken – und weh getan hat es sich auch; es ist hingepurzelt, es hat sich am Tisch oder am Schrank angeschlagen. Es ist irgendwo heruntergefallen. Man hat es mit der Tür gestoßen. Es hat sich am Herd verbrannt. Auch der Herd hat hier etwas zu bedeuten, alles hat hier etwas zu bedeuten. Manchmal ist es gemütlich und lustig, manchmal gibt es Ärger. Warum?

Da wird behauptet, es habe etwas kaputt gemacht, entzweigebrochen, etwas schmutzig gemacht. Peinliche Dinge stoßen dem Kleinen zu: eine Pfütze auf dem Fußboden, und es weiß selbst nicht, wie das passieren konnte. Schon wieder Kummer.

Aber es gibt auch Siege: Es hat zum erstenmal die Fensterbank erstiegen, zur Türklinke hinaufgelangt, die Schublade rausgezogen, den Besen ergattert und gefegt oder mit einem kleinen Lappen Staub gewischt. Der ältere Bruder, der schon zur Schule geht, hat das alles längst vergessen. Schade: Wenn er sich an seine eigenen Schwierigkeiten erinnern könnte, würde er über den Kleinen nicht so streng urteilen.

Ich will nur ein Beispiel dafür anführen, daß der Ältere auch noch nicht alles begreift: Warum wollen die Erwachsenen einem nicht erlauben, auf dem Sofa herumzuhopsen – sie behaupten, davon ginge es kaputt, aber das ist doch gar nicht wahr; es ist so schön, darauf herumzuhüpfen, und die Sprungfedern werfen einen so schön hoch.

Daß es sehr teure Dinge gibt, die man nur einmal kauft und die dann sehr lange halten müssen, das haben alle beide noch nicht begriffen. Das Sofa geht zwar nicht auf der Stelle entzwei, aber wenn dauernd darauf herumgesprungen wird, dann reißen nach einem Jahr oder zwei Jahren die Gurte der Sprungfedern, und dann muß man entweder den Polsterer dafür bezahlen, daß er den Schaden wieder ausbessert, oder sogar einen neuen Bezug kaufen.

Manchmal erlauben die Eltern dem Kleinen die Hopserei, denn es ist unerquicklich, überhaupt alles zu verbieten, und der kleine Bub ist ja noch leicht, da kann er keinen großen Schaden anrichten. Mit dem Großen aber schimpfen sie deswegen, weil sie kein Geld haben, um das Sofa ausbessern zu lassen.

Sie werden böse, wenn man mit einem Messer den Tisch

verkratzt, den Lichtschalter überdreht, mit Streichhölzern zündelt oder im Zimmer Ball spielt. Man muß gestehen, daß sie damit recht haben.

Ich kann mich noch entsinnen, wie ich selbst einmal mit einem Ball eine Vase, ein Andenken, heruntergeworfen habe.

Lange Zeit war alles gut gegangen – vielleicht sogar ein Jahr lang. Ich hatte versprochen, nur auf dem Fußboden zu spielen, und Mama hatte es erlaubt. Bis es dann passierte – ob ich nun den Ball zu stark hatte aufprallen lassen oder nicht mehr an mein Versprechen gedacht hatte. Die Vase erzitterte, schwankte und fiel.

Wenn Buben in mein Zimmer kommen, dann bringe ich jedesmal die Lampe und den Wecker in Sicherheit. Ich möchte nicht, daß sie den Kummer haben und ich den Verlust. Und ich rate jedem, es genauso zu machen: Es ist besser, die Tinte rechtzeitig fortzuräumen, als sich später darüber zu ärgern, daß sie umgekippt ist.

9; 108 ff.

❖

Manchmal wünscht sich der Mensch, es anders zu haben, als es ist. Als ob er neidisch sei, weil ein anderer es besser hat. Aber nur ganz selten will jemand wirklich selbst ein anderer sein, eine andere Mutter haben und woanders wohnen. Fast niemand möchte, daß alles ganz anders sei. Nur ein wenig verändern oder verbessern möchte er's. Zudem sind die Menschen sehr verschieden: Der eine gewöhnt sich leichter an etwas, ein anderer nicht so leicht.

In einer kleinen Wohnung können Eintracht, Herzlichkeit und Fröhlichkeit daheim sein, in einer großen Strenge, Abneigung und Langeweile herrschen. Einsam kann ein Kind hier wie dort sein.

9; 113 f.

❖

Die Erwachsenen behaupten, Kinder zögen gerne um. Früher habe ich das auch geglaubt. Aber es stimmt nicht.

Ein Umzug kann schon lustig sein. Jedermann freut sich, wenn er im Sommer aufs Land zieht. Denn das bedeutet Ferien und Sommer, und es ist nicht für immer.

Es ist angenehm, in ein schöneres Haus umziehen, in ein Haus mit einem Balkon und vielen Fenstern, dem auch der Garten näher liegt. Die Eltern sind zufrieden, und alle Welt sagt, daß man es dort bequemer haben werde. Aber selbst dann ist es einem leid um das Haus, das man kennt, um die Menschen, denen man so oft begegnet ist. Und dann sieht alles irgendwie so leer aus, wenn die Sachen hinausgeschafft worden sind.

Ein Umzug ist immer traurig, wenn ein Todesfall oder die Verarmung der Eltern der Grund dafür sind.

Oft weckt ein Umzug auch Unruhe: wie wird das sein in einer fremden Stadt, wie wird es einem ergehen im fernen Land? Ob ich das Altvertraute jemals wiedersehe?

Nicht immer kann ein junger Mensch so rasch vergessen und sich so rasch umgewöhnen. Manchmal sind die Erwachsenen von all dem Neuen am neuen Wohnort derart in Anspruch genommen, daß sie gar keine Zeit finden, daran zu denken, wie es vordem war.

Aber das Kind – hat Heimweh.

3; 109 f.

❖ ❖ ❖

Der erste Ausdruck des kleinen Kindes lautet: „Mama." Ich kann mich nicht mehr erinnern, ob mir das jemand erzählt hat oder ob ich es in einem Buch gelesen habe, daß der älteste Ausdruck, den der Mensch in seiner frühesten Zeit gefunden habe – eben auch „Mama" gewesen sei und deswegen dieser erste menschliche Laut in allen Sprachen ähnlich klinge.

Im Griechischen – meter, im Lateinischen – mater, im Französischen – mère und im Deutschen – Mutter.

122

Moja Mama – ma mère – meine Mutter – mea mater – eme meter.

Schon das ganz kleine Kind kennt seine Mutter. Es kann noch nicht sprechen und nicht laufen, aber es streckt seine Hände nach der Mutter aus. Es erkennt sie sogar im Garten, wenn sie sich ihm nähert – und lacht ihr von weitem zu. Selbst bei Nacht erkennt es die Mutter an der Stimme, an ihrem Atem. Selbst blind geborene Kinder oder solche, die ihr Augenlicht später verloren haben, sagen: – Mama – Mamuschka – Mütterchen – wenn sie mit der Hand ihr Gesicht berühren.

Einmal erzählte ein kleiner Bub:

„Früher habe ich mir auch Gedanken gemacht, aber jetzt mache ich mir viel schwerere. Als ich noch klein war, habe ich einfache Gedanken gehabt."

Wie schauen sie aus, die einfachen Gedanken über die Mutter?

Daß die Mama gut, lustig oder verdrießlich, daß sie traurig, gesund oder krank ist. Daß die Mama etwas erlaubt, etwas schenkt oder verbietet, daß sie etwas möchte oder auch nicht möchte.

Erst später begegnet man dann auch anderen Müttern, nicht nur der eigenen.

Es gibt also junge, lustige und lächelnde Mütter, aber auch bekümmerte, müde und abgearbeitete, und es gibt sehr gebildete und solche, die es nicht so sind, reiche und arme, Mütter, die einen Hut, oder Mütter, die nur ein Kopftuch tragen.

Es ist schlimm, wenn die Mama gegangen ist und lange fortbleibt. Manche Mütter gehen jeden Tag zur Arbeit oder verreisen für lange Zeit. Es ist schwer, sich darauf zu besinnen, daß es sogar Waisen gibt.

Und noch ein bißchen später wird man erfahren oder in der Zeitung lesen, daß eine Mutter ihr Kind auf der Straße ausgesetzt hat. Das Kind hat keinerlei Erinnerung, es hat kein Bild von der Mutter und auch kein anderes Andenken an sie. Die eigene Mutter, die ihrem Kinde doch ganz nah sein sollte, viel näher noch als der Vater.

– Papa – Väterchen.

Und wiederum:

Einfache Gedanken, daß der Vater arbeitet, verdient und der Mutter Geld gibt. Aber das ist nicht immer so: Der Vater ist krank oder arbeitslos. Manchmal arbeitet der Vater daheim, manchmal irgendwo in der Stadt, oder er muß oft in eine andere Stadt fahren, oder er ist überhaupt weit fort und schreibt nur Briefe.

Einfach sind die Gedanken dann, wenn die Eltern gesund sind, wenn daheim kein Mangel am Notwendigsten herrscht, wenn alle Lebewesen einträchtig beieinander leben und wenn es keine Sorgen gibt. [...]

Ein jeder möchte, daß daheim alle ruhig und zufrieden sind und daß es keine Sorgen gibt. Aber man muß sich damit abfinden, daß nicht alles und daß es nicht immer schön sein kann. Der eine Tag ist heiter, der andere trüb, dieses gelingt und jenes nicht. Einmal gibt's Sonnenschein, ein andermal Regen.

„Wahrlich, so ist eben das Leben", hatte der Bub gesagt.

Ob es besser ist, einziges Kind zu sein oder Geschwister zu haben? Ob es besser ist, der Jüngere zu sein oder der Ältere?

Er war einziges Kind, aber dann kam ein kleiner Bruder zur Welt. Ob er sich darüber freut?

Man kann gar nicht aufzählen, wie viele Möglichkeiten es da gibt. Ein Bruder kann kleiner, einer größer und einer fast erwachsen sein. Einer kann älter, der zweite jünger sein. Zwei ältere Schwestern, zwei kleine. Ein kleiner Bruder, eine große Schwester. Ein großer Bruder, eine kleine Schwester.

Was ist besser?

Ich kann es nicht beantworten, ich weiß es nicht, niemand weiß es.

„Was möchtest du lieber?"

„Mir ist es lieber so, wie es ist", sagte ein Mädchen.

Es gibt Menschen, die leicht zu erfreuen, glücklich und zufrieden sind. Ihnen gefällt alles. Sie denken gar nicht darüber nach, ob es anders sein sollte. Andere wiederum ärgern sich leicht und oft.

Wenn es möglich ist, etwas zu ändern, dann lohnt es sich, darüber nachzudenken; wenn etwas so bleiben muß, wie es ist, dann hat Schmollen keinen Wert. Aber in Eintracht kann man immer leben, mit Kleinen und mit Großen, mit dem Bruder und mit der Schwester – das kommt nun wirklich auf uns selbst an.

Ich habe einen Buben gekannt, der einen kranken Bruder hatte. Das war eine sonderbare Krankheit. Sogar die Eltern glaubten lange Zeit, er sei nur ungehorsam, ungezogen und wolle nicht hören. Er lief umher, aß und schlief wie alle anderen auch, er konnte nur keinen Augenblick lang still sitzen, er eckte überall an, nahm alles in die Hand und machte es kaputt. Wenn er etwas haben wollte, es aber nicht bekam, warf er sich auf den Fußboden, schlug um sich, spuckte, biß und schrie dermaßen laut, daß einmal sogar ein Polizist hereinkam und fragte, was da los sei; er hatte angenommen, ein Kind würde mißhandelt, und das war auf keinen Fall erlaubt.

Endlich fragten die Eltern Ärzte um Rat.

„Gewiß, er ist verzärtelt, launisch, das ist schon wahr, aber auch krank: nervös, er begreift schwer."

„Was sollen wir denn tun?"

„Sie müssen ihn in eine Anstalt überweisen; denn daheim ist er eine zu große Qual für alle. Sie werden nicht mit ihm fertig. Mit einem solchen Kinde umzugehen, muß man genau verstehen. Immer nur nachgeben verschlimmert alles noch. Es ist nicht genug damit getan, ihn ja nicht zu reizen."

Den Eltern wurde es schwer, den kranken Buben fortzugeben.

Ich gab ihnen zu bedenken:

„Sie müssen Rücksicht auf Ihren gesunden Sohn nehmen. Die Gesellschaft des kranken Bruders schadet ihm."

Und da rief dieser immerhin auch noch kleine Bub:

„Ich will nicht, daß er meinetwegen von daheim fortkommt. Er soll doch hierbleiben, ich will ihm auch alle meine Spielsachen geben. Dort wird man ihn schlagen, das weiß ich genau."

Ich habe das nicht berichtet, weil jedermann so handeln sollte, Güte darf man verlangen, aber keine, die schon Aufopferung ist.

9; 101 ff.

❖

Ich bin kein guter Bruder. Mit einem Hund habe ich Mitleid, aber für die eigene Schwester empfinde ich keine echte Liebe. Was heißt hier Liebe – nicht einmal Verständnis habe ich.

So ein kleines Kind muß doch stören, muß einem aus Langeweile behelligen. Wenn ich mal mit ihr spiele – dann wie aus Gnade. Sonst aber fahre ich sie an und schubse sie. Genauso wie es die Erwachsenen mit uns, den älteren Kindern, tun. Offenbar kommt diese Lehre von ihnen.

Die Hauptgründe, warum wir die Knirpse nicht mögen, sind diese drei:

Erstens, weil die Erwachsenen uns auffordern, ihnen nachzugeben, ob sie recht haben oder nicht.

Zweitens, weil sie uns auffordern, ihnen ein gutes Beispiel zu geben.

Drittens, weil sie uns auffordern, mit ihnen zu spielen, wenn sie uns stören.

Mit anderen Worten, um der jüngeren Geschwister willen kriegen wir oft Schelte. Man leidet also doppelt: einmal wegen eigener Schuld und um der Knirpse willen.

Zum Beispiel habe ich etwas, sie aber will es unbedingt haben. Wenn ich will, gebe ich es von selbst, denn ich weiß, was man geben kann und was nicht. Geben die Erwachsenen etwa uns nach, wenn wir etwas dringend verlangen? Sie schelten einen dann noch, und wenn sie es um des lieben Friedens willen geben, dann ist es noch schlimmer, denn so lehren sie uns nur, daß man durch Güte nichts bekommt. So ein kleines Hätschelkind sieht aber, daß man zu ihm hält, und lernt zu schreien, wenn es etwas will. Das ärgert uns schrecklich. [...]

Ich habe mir eine kleine Windmühle gemacht. Einen halben Tag quälte ich mich damit ab.

„Gib."

Sie versucht, sie mir zu entreißen.

„Geh, sonst gibt's Haue!"

Doch sie:

„Gib, gib!"

Und was sagt die Mutter dazu?

„Du wirst dir schon eine andere machen."

Ob ich sie mache oder nicht – sie soll nur bitten, warten und es einem nicht entreißen und dann:

„Mammaaaa!"

Man kann sich kaum beherrschen vor Wut. Sie aber will sogar, daß ich zuschlage, denn dann wird sie sicherlich petzen. Und dann gibt's ein Theater.

„So ein Bruder! Ein so großer Kerl!"

Angeblich ist es meine Schuld.

Ist es bequem, daß ich klein bin – bin ich klein, ist es bequem, daß ich groß bin – bin ich groß.

Oder auch das:

Ich bin nicht nur für das verantwortlich, was ich selbst mache, sondern auch für sie.

„Du hast ihr das beigebracht. Du hast es ihr gezeigt. Von dir hat sie das gehört. Dein Beispiel."

Habe ich ihr etwa befohlen, mich nachzuäffen? Wenn ich ihr ein schlechtes Beispiel gebe, dann soll sie nicht hinter mir herlatschen, soll sie mich nicht ansprechen, nicht mit mir spielen.

Aber – ich muß eben mit ihr spielen. Und noch dazu auf welche Art!

„Zieh den Mantel an, sonst will sie auch ohne Mantel ge-hen. Du bekommst kein Bier und keine Wurst, sonst will sie es auch haben. Geh schlafen, denn sie geht nicht allein."

Sie verekeln dir das kleine Kind so, daß du nichts mehr mit ihm zu tun haben willst. Aber nein – du mußt mitspielen!

Na gut.

Es gibt Spiele, bei denen ein kleines Kind nützlich sein kann. Es kann sich auch beteiligen. Es soll aber hören, das Spiel nicht verderben, soll verstehen, daß es nicht all das ma-chen kann, was wir tun.

Und nun sagt zu ihm:

„Setz dich mal hier hin, du bist dies und jenes."

Es will aber nicht. Es will laufen. Dabei bin ich doch dafür verantwortlich, wenn es hinfällt und sich eine Beule holt oder die Kleidung zerreißt. Na, und dann trödelt es so herum und stört.

Für die Erwachsenen ist es ein Kind – egal, ob es fünf oder zehn Jahre alt ist. Wenn es bequem ist – dann gibt's keinen Unterschied.

„Kinder, geht spielen."

Und wenn es bequem ist, dann bist du älter und sollst der Beschützer sein, und nachgeben, und mit gutem Beispiel vor-angehen.

4; 116 ff.

❖

Wenn die Großmutter und der Großvater im selben Hause wohnen, dann kann das für die Kinder besser sein. Denn wenn Mama böse mit einem ist, kann Großmutter einen trösten; Mama schlägt einem etwas ab, vielleicht kann Großmutter einem dazu verhelfen. Sie hat mehr Zeit, also hört sie auf-merksamer zu. Die Erzählungen ganz alter Menschen sind oft interessant. Und überhaupt, wie seltsam ist das alles: die Großmutter kann sich noch erinnern, wie Mama ein kleines Mädchen oder Papa ein kleiner Bub war. Und noch früher, da war auch Großmutter noch ein Kind. Sie erinnert sich an alte Zeiten. Damals waren die Straßen anders und die Häuser, anders die Lampen und die Uhren, ja sogar die Menschen waren anders. Damals gab es noch keine Erfindungen wie heute und auch nicht solche Bücher, Spielsachen und solchen Zeitvertreib.

Die einen sind schon längst gestorben, die anderen waren noch gar nicht auf der Welt.

Und schwere Gedanken kommen einem in den Sinn, nicht allein über das, was es alles gibt auf der Welt, sondern auch über das, was war und was einmal sein wird.

Seltsam, sehr seltsam ...

3; 103 f.

❖

Man darf nichts ohne Vorbereitung, ohne Qualifikation, ohne Kontrolle, ohne Verantwortung tun – man kann ohne Qualifikation nicht einmal Schuhputzer sein; sogar ein Mittel zum Klinkenputzen muß analysiert werden, ob es keine Gifte enthält, keine ätzenden, schädlichen Eigenschaften hat. Aber Vater und Mutter kann jeder sein, wer immer nur möchte. Um eine Bude mit Sodawasser aufzumachen, muß man eine Genehmigung haben, eine Erlaubnis der Behörde und hier, wo ein Mensch geschaffen wird – nichts, außer: ich habe Lust gehabt.

7; 95

❖

Eltern verzeihen gern, ihre Nachsichtigkeit entspricht offensichtlich einem Gefühl von Schuld, weil sie das Kind ins Leben gerufen haben, sie entspringt aus dem Eindruck, ihrem hilflosen Kind unrecht getan zu haben. [...]

Im allgemeinen schenkt man der Meinung einer Mutter keinen Glauben. Sie ist, angeblich, befangen und deswegen nicht zuständig. Wir fragen lieber Erzieher, Sachkenner und Ge-

lehrte nach ihrer Meinung, ob ein Kind wirklich unser Wohlwollen verdient.

3; 17

❖ ❖ ❖

Also sollte man alles erlauben? Durchaus nicht: Wir würden
aus einem sich langweilenden Sklaven nur einen blasierten
Tyrannen machen. Durch Verbote stärken wir immerhin seinen Willen, wenn auch nur in der Selbstbeherrschung und Ent-
sagung, wir entwickeln seine Phantasie, auf engem Raume
tätig zu sein, seine Fähigkeit, sich einer Kontrolle zu entziehen; und wir wecken seine Fähigkeiten zur Kritik. Auch das
hat seinen Wert als eine – allerdings einseitige – Vorbereitung
für das Leben. Geben wir acht, daß wir, indem wir alles erlauben, nicht um so nachdrücklicher die Willenskraft drosseln, je
mehr wir den Gelüsten nachgeben. Hier schwächen wir den
Willen, dort vergiften wir ihn.

Damit ist es nicht getan, mit diesem: „Mach, was du
willst" und dem „Ich tu, ich kaufe, ich gebe dir alles, was du
magst, aber fordere nur das, was ich dir geben, kaufen und für
dich tun kann. Ich zahle, damit du selbst nichts unternimmst,
ich zahle, damit du mir gehorchst."

„Wenn du das Kotelette ißt, kauft dir die Mama ein Büch-
lein. Geh nicht hinaus, dann geb ich dir auch Schokolade."

Das kindliche „Gib her", und sogar die nur wortlos ausgestreckte Hand müssen auf unser „Nein" stoßen; und von diesem ersten „Du bekommst es nicht", „das kann man nicht",
„das ist verboten" hängt ein sehr großes Stück Erziehung ab.

Die Mutter will diese Frage beiseiteschieben; sie möchte
das alles – bequem und schwachherzig – lieber auf die lange
Bank schieben, auf später vertagen. Sie möchte nicht wahrha-
ben, daß sich in der Erziehung der tragische Zusammenstoß
von unbilligen, nicht realisierbaren und unreifen Wünschen
mit einem auf Erfahrung beruhenden Verbot nicht vermeiden
läßt; und ebensowenig kann der noch weit tragischere Zu-

sammenprall von zwei verschiedenen Wünschen, von zwei Rechten auf einem gemeinsamen Aktionsfeld vermieden werden. Das Kind möchte eine brennende Kerze in den Mund nehmen – ich darf das nicht zulassen, es will ein Messer haben –, ich fürchte, es könnte sich verletzen, es streckt die Hände nach einer Vase aus, um die es mir leid wäre, es möchte mit mir Ball spielen – aber ich will ein Buch lesen. Wir müssen die Grenzen seiner und meiner Rechte abstecken.

Das Kleine langt nach einem Glas, die Mutter küßt die ausgestreckte Hand. Das nützt nichts, sie gibt ihm die Klapper. Und als auch das nicht weiterhilft, läßt sie das verführerische Objekt verschwinden. Wenn nun das Kleine die Hand wegzieht, die Klapper fortwirft, mit seinen Blicken nach dem versteckten Gegenstande sucht und die Mutter ärgerlich ansieht, dann frage ich mich, wer nun recht hat: die Mutter, die ihr Kind überlistet, oder das Kind, das ihr trotzt?

Wer die Frage von Verboten und Geboten nicht gründlich durchdenkt, solange es nur wenige sind, ist verloren, sobald ihre Zahl größer wird.

1; 46f.

❖

Ein Erzieher muß sich klar darüber sein, welche Gebote und Verbote absolut sind und welche Zugeständnisse zuträglich sind. Absolut verboten ist es, allein im Fluß zu baden, aber auf Bäume zu klettern ist nur bedingt unzulässig. Zum Mittagessen zu spät zu kommen, ist absolut verboten; aber nur relativ unerwünscht ist es, sich beim Antreten zum Spaziergehen zu verspäten: die Verspäteten werden uns einholen, wenn wir bereits ein Werst hinter uns gebracht haben. Ein lebhaftes Kind will nämlich nicht gern auf der Stelle stehen und warten, bis sich alle versammelt haben.

Die Sonderfälle unter den Kindern, die mit Billigung der Allgemeinheit Sondergesetzen unterliegen, stellen die schwierigste und dankbarste Aufgabe für einen Erzieher dar.

Wenn von einhundertfünfzig ein Junge so gut schwimmen kann, daß ihm keine Gefahr droht – er wohnt an der Weichsel, verbringt den halben Tag im Wasser und schwimmt ohne Mühe über den Fluß –, und wenn es die anderen Kinder zulassen, kannst du ihm sogar erlauben, allein baden zu gehen. Du mußt eben den Mut aufbringen, ein bißchen Angst um sein Leben auf dich zu nehmen.

1; 270

❖

Wir wissen, daß ihr mit uns unzufrieden seid. Es kommt schon mal vor, daß ihr recht habt. Es ist wahr, daß wir gern auf dem Sofa herumspringen. Ihr sagt, das Sofa geht kaputt, die Federn bekommen einen Knacks. Nicht gleich, nicht so schnell. Ein Sofa, wenn man nicht darauf springt, kann Jahrzehnte halten. Wir glauben das, obwohl wir erst ein Jahrzehnt leben und es nicht prüfen konnten.

Ihr erlaubt uns nicht, die Nüsse zwischen den Türen zu knacken. Die Türen werden dadurch beschädigt. Dies ist noch seltsamer. Die Türen – das ist das Haus. Die Häuser sind hoch, festgebaut, stehen hunderte von Jahren. Aber – mag es auch so sein.

Nicht einmal an den Klinken dürfen wir uns schaukeln; denn sie können, obwohl sie aus Eisen sind, abbrechen. Sonderbar! Wir leben noch nicht lange, sehen uns erst um. Ihr und die ganze Welt – ihr seid sonderbar. Dennoch beschuldigen wir euch nicht des bösen Willens.

Das Eisen bricht? Einverstanden.

Die Kleidung nutzt sich schnell ab? Leider.

Die Scheiben gehen kaputt. Noch dazu beim geringsten Anlaß. Sie gehen von selbst kaputt, nicht durch uns. Die Welt ist hart und unnachgiebig. Ich fiel hin, stieß gegen die Wand, gegen das Fensterbrett, gegen den Schrank, den Tisch, gegen die Kante, gegen die Ecke – es schmerzt, manchmal schmerzt es sehr.

4; 70

Je mehr ein Kind die Freiheit genießt, desto weniger muß es bestraft werden.

7; 25

❖

Denn Ehrgeiz des Erziehers muß es sein, günstigste Ergebnisse auf dem Wege geringster Verletzungen der Menschenrechte zu erzielen.

6; 36

❖

Es gibt Kinder, für die ein Stirnrunzeln, ein hartes Wort oder ein behutsames „du machst mir Kummer" eine ausreichende Strafe ist. Wenn du Verzeihung üben willst, so müssen die Kinder verstehen, warum du das tust, und auch das einzelne soll begreifen, daß ihm nicht mehr als den übrigen erlaubt ist. Andernfalls wirst du es verwöhnen, wirst du ihm zuviel Freiheit lassen, und du wirst es einer Kindergemeinschaft überantworten, die sich in ihrem Rechtsempfinden beeinträchtigt sieht. Du wirst einen Fehler begehen; und sowohl das betreffende Kind als auch die anderen Kinder werden dir ihrerseits eine Strafe zumessen.

1; 192

❖

Wenn von Strafen die Rede ist, dann denken wir immer an Ruten, Einsperren, Essensentzug u. ä. und verkennen dabei, daß ein Anschreien, zorniges Loswettern, Drohen oder die Änderung meines bisherigen freundschaftlichen Verhaltens dem Kind gegenüber eine empfindliche Strafe ist.

1; 346

❖

„Bei mir gibt es keine Strafen" – sagt ein Erzieher, und manchmal ahnt er selbst gar nicht, daß es sie bei ihm nicht nur gibt, sondern daß sie sogar sehr streng sind.

Es gibt zwar keinen Dunkelarrest, aber doch Isolierung und Freiheitsberaubung. Das Kind wird nur in die Ecke gestellt, an einen separierten Tisch gesetzt und bekommt keine Erlaubnis, seine Eltern zu besuchen. Ball, Magnet, Bilderchen, ein Parfümfläschchen werden ihm weggenommen – also Konfiskation seines Eigentums. Es darf nicht mehr zusammen mit den älteren Kindern schlafen gehen, am Feiertag seinen neuen Anzug nicht anziehen – es wird also einzelner Rechte und Privilegien beraubt. Und endlich – ist es denn keine Strafe, wenn der Erzieher sich frostig verhält, sich von ihm abwendet und es seine Unzufriedenheit spüren läßt?

Du wendest also Strafen an, nur in gemilderter und veränderter Form. Kinder fürchten sich davor, ob es sich nun um eine große oder eine kleine Strafe handelt oder vielleicht nur um eine symbolische. Verstehst du: die Kinder fürchten sich – es herrscht Disziplin!

Man kann die eigene Liebe geißeln, so wie man früher den Leib gegeißelt hat, aber auch das Empfinden des Kindes.

Es gibt keine Strafen – ich mache dem Kinde nur klar, daß es böse gehandelt hat. Wie tust du das? [...]

„Ich sag es dir zum letztenmal! – Du wirst schon sehen, das nimmt ein böses Ende. – Du bringst es gewiß noch so weit. – Mehr sag' ich dir nicht: mach nur, was du willst. – Jetzt nehm ich dich aber allen Ernstes vor." Allein schon die Vielzahl solcher Redewendungen beweist, wie weit Strafen dieser Art verbreitet sind – und wie sie mißbraucht werden.

Ein Kind nimmt das nicht selten ernst, immer aber wenigstens teilweise.

„Was wird jetzt mit mir geschehen?"

Er hat mich jetzt nicht bestraft; wenn er es aber noch tut, wann geschieht es dann und wie? Angst vor dem Ungewissen, Überraschenden.

Wenn du es aber gleich bestraft hast, so hat es sich über den anderen Tag schon von dem schmerzlichen Erlebnis entfernt und ist der Versöhnung und dem Vergessen nähergekommen. Wenn es aber zwei Tage nach einer Strafandrohung morgens erwacht, dann ist vielleicht schon der Augenblick einer schwerwiegenden „Abrechnung" nahe.

Kinder lassen sich durch Drohungen in harter Zucht halten; man könnte bei mangelndem kritischem Vermögen annehmen, dies sei ein behutsames Vorgehen – im Gegenteil: die leere Drohung ist eine viel härtere Strafe. [...]

Es gibt also keine Strafen, sondern nur Tadel, Ermahnungen und Zureden. Aber wenn sich darin der Wille zur Herabsetzung verbirgt?

„Schau her, wie sieht dein Heft wieder aus? Wem siehst du wohl ähnlich? Da hast du aber was Schönes angerichtet. Seht mal, was der gemacht hat!"

Das Publikum – seine Kameraden – sind nun verpflichtet, spöttisch zu lachen und ihr Erstaunen, ja sogar ihre Verachtung auszudrücken. Alle tun das nicht; je anständiger sie sind, desto zurückhaltender zeigen sie sich – auch wenn es gilt, ein wenig schmeichelhaftes Urteil abzugeben.

Es gibt noch eine andere Art zu strafen: ständige Geringschätzung und erniedrigende Resignation.

1; 182ff.

❖

Anmerkung: Ich bin ein unbedingter, unerbittlicher Gegner körperlicher Strafen. Schläge werden, auch für Erwachsene immer nur ein Narkotikum sein, niemals aber ein Erziehungsmittel. Wer ein Kind schlägt, ist ein Henkersknecht. Niemals ohne Vorwarnung, und nur in Notwehr – einmal! – auf die Hand, und nie im Zorn (und auch das nur, wenn es gar nicht anders geht).

3; 172

Ein geschlagenes Kind trägt Spuren der Folter.

7; 25

✧ ✧ ✧

Warum sollten wir ein Kind nicht möglichst früh lehren, was Geld ist, nämlich eine Entlohnung für eine Arbeitsleistung; damit es den Wert der Unabhängigkeit verspürt, die verdientes Geld verschafft, und damit es die guten und schlechten Seiten des Besitzes kennenlernt. [...]

Denn Geld gibt alles außer Glück; sogar Glück und Verstand, auch Gesundheit und Sittlichkeit kann es dem Menschen geben. Lehre das Kind, daß Geld auch Unglück und Krankheit bringen, daß es einem den Verstand rauben kann. Mag es für sein selbst verdientes Geld Eis essen, soviel es will, und danach Bauchweh bekommen; soll es sich doch um einen Zehner mit seinem Freunde streiten; mag es Geld verspielen, verlieren oder auch erleben, daß es ihm gestohlen wird; mag es ihm auch leid tun, daß es etwas gekauft hat, soll es nach einem einträglichen Tagesdienst trachten und sich davon überzeugen, daß es sich nicht gelohnt hat; soll es schließlich auch für einen Schaden bezahlen.

1; 297f.

✧

Es gibt ja leider Eltern, die ihren Kindern kein Geld geben, sondern ihnen alles, was sie brauchen, selbst besorgen.

10; 125

✧

Ein Erwachsener hat sein eigenes Geld und kauft sich, was er braucht. Ein Kind bekommt etwas nur wie ein Almosen. Es muß warten, bis die Eltern in guter Stimmung sind; denn sonst sagen sie irgend etwas nicht gerade Freundliches.

Ein Kind sollte ein festes monatliches Gehalt bekommen,

damit es weiß, was es hat, und lernt, so damit umzugehen, daß es auskommt.

4; 165

❖

Ein Bettler verfügt immerhin frei über sein Almosen, ein Kind jedoch hat gar kein Eigentum, es muß über jeden Gegenstand Rechenschaft ablegen, den es zum Gebrauch erhalten hat.

Es darf nichts zerreißen, zerbrechen, schmutzig machen, es darf nichts verschenken oder im Überdruß wegwerfen. Es muß annehmen, was man ihm gibt, und damit zufrieden sein. Alles am rechten Platz und zur rechten Zeit und gemäß seiner Bestimmung.

(Vielleicht schätzt es darum die wertlosen Kleinigkeiten, die wir verwundert und mitleidig betrachten: wertlosen Kram, sein einziges wirkliches Eigentum: den Reichtum eines Bindfadens, einer Schachtel, einer Handvoll Glasperlen.)

Das Kind muß nachgeben, sich durch gutes Benehmen alles verdienen – bitten soll es, oder durch kleine Listen erreichen, was es haben will, aber ja nicht fordern! Es darf keinerlei Ansprüche stellen, es hängt nur von unserem guten Willen ab, wenn wir ihm etwas geben. (Hier drängt sich ein peinlicher Vergleich auf: die Freundin eines reichen Mannes.)

Das Verhältnis der Erwachsenen zu den Kindern wird durch die Armut des Kindes und durch dessen materielle Abhängigkeit gestört.

3; 10f.

❖

Wir sollten das Eigentum des Kindes und sein Recht auf eigenes Geld anerkennen. Das Kind nimmt Anteil an den materiellen Sorgen der Familie und leidet darunter, es empfindet Mängel, es vergleicht die eigene Armut mit dem Reichtum seines Spielgefährten, und die bitteren Groschen, um die es ärmer wird, tun ihm weh. Es will keine Last sein.

Was soll es denn tun, wenn es doch eine neue Mütze, ein Buch und Geld fürs Kino braucht; ein neues Heft, wenn das alte vollgeschrieben ist, einen Bleistift, wenn es einen verloren hat oder er ihm weggenommen wurde; es möchte gern einem lieben Menschen etwas zur Erinnerung schenken, sich ein Stück Kuchen kaufen oder einem Schulkameraden etwas borgen. Soviel echter Bedarf, soviele Wünsche und Verlockungen, aber es hat kein Geld.

Ist dann die Tatsache, daß bei den Jugendgerichten gerade Diebstähle überwiegen, nicht Zeichen und Aufruf? Es rächt sich bitter, daß der Geldbedarf des Kindes geringgeschätzt wird – Strafen nützen da nichts.

Eigentum des Kindes – das ist kein Gerümpel, sondern das sind Dinge, mit denen es betteln kann, und Arbeitsgeräte, Hoffnungen und Erinnerungen. Es sind dies keine eingebildeten, sondern wesentliche, aktuelle Sorgen und Unruhen, es sind die Bitterkeit und die Enttäuschungen der Jugend.

3; 26 f.

❖ ❖ ❖

Was ist zu machen, damit die Kinder pünktlich zur Schule kommen? Ich höre oft, daß Kinder verspätet zur Schule kommen; man weiß keinen Rat dagegen. Ich schlage also vor, in jedem Zimmer einen Hahn unterzubringen, der am frühen Morgen krähen und die Kinder wecken wird. Sollte unser Ziel nicht erreicht werden, rate ich, auf dem Hof eine Kanone aufzustellen. Die Kanonenschüsse werden bestimmt die Kinder wecken. Wenn aber die Kinder zu spät kommen, weil sie zu langsam gehen, dann wäre es vielleicht zweckmäßig, die Kinder aus einem Flugzeug mit Wasser zu begießen, dann laufen sie schnell zur Schule. Wenn auch auf diese Weise kein gutes Ergebnis erreicht wird, habe ich einen vortrefflichen Rat, diesen nämlich: Man veröffentlicht die Namen der Nachzügler in einer Zeitung. „Uns interessiert nicht, was man in den Zeitungen schreibt", werden die Kinder wohl sagen. „Leute, welche die Zeitung lesen, kennen uns ja nicht." Ach so! Da kann man ja die Nachzügler in der Schulwandzeitung nennen! „Was macht uns das aus", werden die Kinder sagen, „in der Schule wissen ja alle, daß wir Nachzügler sind." Na ja! – – Ich schlage also vor, und das ist mein letzter, hoffentlich bester Rat: Die Erwachsenen mögen eine Erklärung in der Wandzeitung veröffentlichen, in der sie versprechen, nirgends und niemals sich zu verspäten und die Kinder aufrufen, ihrem Beispiel zu folgen.

6; 126

❖

Kinder, die immer die letzten sind und oft zu spät kommen – sie sind der Prüfstein für die Geduld des Erziehers.

Es läutet – die Uneingeweihten wissen nicht, welcher Anstrengungen es seitens des Erziehers bedarf, wieviel guten Willen die Kinder aufbringen müssen, damit die einhundert auf ein gegebenes Zeichen hin vollzählig antreten. [...]

„Schneller! ... Beeilt euch! ... Geht das noch lange so? ... Bist du endlich so gnädig?"

Ärgere dich nicht: es muß auch solche geben.

1; 217f.

❖ ❖ ❖

Kinder zum Schlafen zu zwingen, wenn sie nicht schlafen wollen, ist ein Vergehen. Es ist absurd, eine Aufstellung darüber anzufertigen, wieviel Stunden Schlaf ein Kind braucht. Die für ein bestimmtes Kind notwendige Stundenzahl festzustellen ist leicht, wenn man eine Uhr zu Rate zieht: wieviele Stunden schläft es ohne Unterbrechung, bis es ausgeschlafen erwacht. Ich sage ausgeschlafen und nicht wach. Es gibt Zeiten, in denen das Kind mehr Schlaf braucht, und solche wo es länger auch ohne zu schlafen im Bett bleiben möchte, weil es erschöpft ist, und nicht, weil es schläfrig ist.

Zeiten der Ermattung: abends geht das Kind nicht gern zu

Bett, weil es noch nicht schlafen will, morgens verläßt es nur ungern das Bett, weil es noch keine Lust hat, aufzustehen. Abends gibt es vor, noch nicht müde zu sein, weil man ihm nicht erlaubt, im Liegen Bilder auszuschneiden, mit Bauklötzen oder mit seiner Puppe zu spielen, weil man das Licht löscht und das Sprechen verbietet. Am Morgen tut es so, als schlafe es noch, weil man es sonst heißt, sofort aufzustehen und sich kalt zu waschen. Wie fröhlich begrüßt es jeden Husten, jede erhöhte Temperatur, die es ihm ermöglichen, ohne zu schlafen im Bett zu bleiben.

Zeiten der inneren Ausgeglichenheit: Das Kind schläft schnell ein, aber es erwacht noch vor dem Morgengrauen voller Energie, Bewegungsfreude und übermütiger Initiative. Weder ein bewölkter Himmel noch ein kaltes Zimmer können es schrecken: barfuß, im Nachthemd macht es sich warm, indem es über Tisch und Stühle hüpft. Was soll man tun? Spät zu Bett bringen, sogar erst, oh Graus, um elf Uhr. Ihm erlauben, im Bett zu spielen. Ich frage, warum ein Gespräch vor dem Einschlafen „den Schlaf rauben" soll und ob nicht die Aufregung darüber, daß man, ohne es zu wollen, ungehorsam sein muß, viel eher „den Schlaf raubt".

Die zweifelhafte Maxime, früh schlafen zu gehen und früh wieder aufzustehen, haben die Eltern aus Bequemlichkeit bewußt zu einer anderen verfälscht: je mehr Schlaf, desto gesünder. Der öden Langeweile des Tages fügen sie noch die quälende Eintönigkeit des abendlichen Wartens auf das Einschlafen hinzu. Schwerlich läßt sich ein Befehl denken, der despotischer und bereits einer Tortur ähnlicher wäre, als der: „Schlaf ein!"

1; 72f.

❖ ❖ ❖

Mitgefühl sollte es für Gute und Böse, für Menschen und Tiere, ja selbst für einen abgeknickten kleinen Baum oder für einen kleinen Stein geben.

Ich habe einen Buben gekannt (jetzt ist er schon erwachsen), der die Steine, die auf dem Weg lagen, auflas und in den Wald schleppte: dort würde sie niemand mehr mit Füßen treten.

Es gibt starke und brennende, sanfte und wehmütige, beinahe schreiende und stille Gefühle.

Was ist Liebe? Liebt man immer nur aus einem bestimmten Grund, liebt man immer bestimmte Menschen und liebt man soviel, wie man sollte? Liebt man immer gleich oder liebt man einmal mehr und einmal weniger? Was ist Dankbarkeit und was ist Achtung? Was ist der Unterschied zwischen: sehr gern haben und lieben? Wie kann man wissen, wen man mehr liebt?

Ich habe bemerkt, daß junge Menschen nicht gern über ihre Gefühle sprechen. Vielleicht fällt es ihnen nur schwer, ihnen Ausdruck zu verleihen. Selbst kleine Kinder mögen das nicht.

Aber die Erwachsenen fragen oft:

„Hast du mich lieb? Wen hast du lieber?"

Einmal fragte ich einen Buben, woran er erkannt hatte, daß er das eine Mädchen lieber mochte als alle anderen. Er antwortete: „Weil ich früher mit ihr genauso gesprochen habe wie mit allen anderen auch, mich dann aber ganz plötzlich vor ihr geniert habe."

Manchmal ist einem gar nicht bewußt, daß man jemanden lieb hat; erst, wenn er einmal fort ist, empfindet man Unruhe, Einsamkeit und Leere, und man fühlt sich verwaist. Und man grübelt nach, wann er wohl wiederkommt. Das nennt man Sehnsucht. […]

Es gibt so mancherlei verschiedene Gefühle, daß es schwerfällt, sie alle aufzuzählen. Man kann versuchen, sie alle aus einem Wörterbuch herauszusuchen und in ein Heft abzuschreiben. Denn hier kann ich nur kurz ein paar der wesentlichsten Gefühle erwähnen (solche, von denen mir die Kinder von sich aus erzählt haben, und nicht, weil sie dazu aufgefordert wurden). Und ich spreche von ganz alltäglichen, gewöhnlichen Gefühlen.

Von drei Gefühlen will ich noch sprechen: vom Gefühl der Enttäuschung, von dem der Erbitterung und dem der Kränkung.

„Ich habe eine Enttäuschung erlebt. Ich hatte geglaubt, es würde gut enden, aber das war ein Irrtum. Es ist anders gekommen, als ich wollte."

Die Menschen sprechen von:

„Einer schmerzlichen, einer bitteren Enttäuschung."

Nun ja: manchmal empfindet man so etwas als Schmerz und manchmal nur als unangenehmen, bitteren und herben Geschmack. Oft verbindet sich mit dem Gefühl der Enttäuschung auch noch ein anderes: Erbitterung. Wir sind erbittert, weil wir enttäuscht wurden, weil unser Vertrauen mißbraucht wurde.

Wenn ein Freund ein Geheimnis verrät, wenn er einen belügt und betrügt, dann ist man sehr traurig und erbittert.

Endlich möchte ich noch das Gefühl des Gekränktseins nennen. Wenn jemand mich demütigen will, wenn jemand einen Menschen verhöhnt oder beleidigt, den ich liebe und hoch achte – das macht mich traurig, das tut mir weh und das erbittert mich. „Ein Schlag tut nicht so weh wie manche Worte", sagte einmal ein Bub. „Anstatt mich zu verhöhnen, sollen sie mich lieber schlagen" – meinte ein anderer.

Meistens tun die Kinder nur so, als machten sie sich nichts daraus, wenn die Erwachsenen sie demütigen und kränken. Es sei denn, sie hätten schon jegliches Gefühl für Schmach verloren. Gefühle verkümmern nämlich, wenn man sie vernachlässigt. Man sagt – sie stumpfen ab.

Die Menschen sind verschieden. Der eine ist oft fröhlich und selten traurig, bei einem anderen ist es genau umgekehrt. Der eine kommt beinahe mit allen Menschen gut aus und niemand ist ihm direkt unsympathisch; ein anderer scheint mit der ganzen Welt zerfallen, da ist es schwer, mit ihm gut auszukommen. Manche freunden sich rasch mit einem neuen Menschen an, andere hingegen sind mißtrauisch und überlegen hin und her, bevor sie äußern:

„Ich mag ihn gern."

Der eine hat ein gutes Gedächtnis, der andere vergißt schnell.

Es gibt vielerlei Menschen.

Früher dachte ich wie alle: daß Kinder leicht aufbrausen und daß es ihnen leicht fällt, einander wieder gut zu sein.

Vor einer Stunde haben sie sich noch geprügelt, und schon spielen sie wieder miteinander. Gerade haben sie noch miteinander gespielt, und schon ist wieder ein Streit ausgebrochen. Gewiß, im Zorn sagt man schon mal: „Mit dem sprech' ich nie wieder. Nie wieder spiele ich mit dem da."

Oder im entgegengesetzten Fall: „Er wird immer mein Freund sein." Aber so etwas äußert man nur ausnahmsweise – und bei den Erwachsenen ist es nicht anders. Manchmal wächst über lange Zeit hinweg eine Antipathie, manchmal währt eine Freundschaft viele Jahre.

3; 134 ff.

❖

Merkwürdig ist der Mensch. Fröhlich ist es ihm zumute, dann aber plötzlich – traurig.

Ich weiß nicht genau, aber es scheint mir so, daß die Erwachsenen öfter verärgert als traurig sind. Aber vielleicht sind sie für sich im stillen traurig und ärgern sich nur über die Kinder. Es kommt selten vor, daß wir von einem Lehrer sagen:

„Der Lehrer war heute traurig."

Leider aber oft:

„Der Lehrer war heute böse."

Die Kinder weinen öfter als die Erwachsenen, nicht etwa deswegen, weil sie Heulsusen sind, sondern deshalb, weil sie tiefer empfinden, mehr leiden.

Warum achten die Erwachsenen unsere Tränen nicht? Denn sie glauben, daß wir oft wegen jeder Kleinigkeit weinen. Nein. Kleine Kinder schreien, denn das ist ihre einzige Verteidigung; macht so ein Kind viel Lärm, dann wird sich schon jemand finden, der darauf aufmerksam wird und ihm zu Hilfe kommt. Oder es schreit aus Verzweiflung. Wir dagegen weinen selten und nicht einmal über wichtigste Dinge. Wenn es sehr weh tut, dann zeigt sich nur eine Träne, und Schluß. Bei den Erwachsenen kommt das auch vor, daß ihnen im Unglück die Tränen austrocknen, plötzlich wegbleiben.

Am seltensten kannst du aber weinen, wenn sie sich ärgern und keinen Grund haben. Du wirst den Kopf senken und weiter nichts. Manchmal fragen sie dich, und du antwortest nicht.

Manchmal willst du antworten, bewegst aber nur die Lippen und kannst nicht. Sie meinen, es sei Eigensinn. Und manchmal stellt sich wirklich eine Verbissenheit ein, daß es einem egal ist: sie mögen schlagen, dann ist es schneller zu Ende. Also du zuckst die Schulter oder brummst etwas vor dich hin. Denn in deinem Kopf kreisen nur die schlimmsten Gedanken und die häßlichsten Worte. Dann überlegst du nicht mehr, ob es dein Lehrer oder dein Vater ist. Oder im Kopf nichts, nur in der Brust – stumme Verzweiflung und Wut.

Oft hörst du nicht einmal, was sie schreien, verstehst kein einziges Wort. Du weißt noch nicht einmal, worum es ihnen geht. Nur in den Ohren saust es, und deine Gedanken gehen wirr durcheinander.

4; 85f.

❖ ❖ ❖

Die Buben rufen: „Herr Doktor, die schlagen sich." Ich gehe sofort hin, schaue zu und passe auf, aber ich trenne die Streithähne nicht. Warum auch? Wenn ich den einen bei der Hand fasse, dann nützt das der andere aus und schlägt zu, also noch

schlimmer. Und? Unterbreche ich den Kampf nicht fachge-
recht, dann beenden ihn die beiden später eben anderswo.
Oder sie haben Angst, ich könne sie trennen, bevor sie fertig
wären; also mogeln sie in der Eile, und anstatt eines sauberen
Kampfes schaue ich einem verunstalteten, verdorbenen
Torso, einem Fragment, einem denaturierten Bruchstück einer Schlägerei zu.

Am schlimmsten ist ein Neuling bei solch einer Schlägerei: er weiß nichts, er sieht nichts voraus, er kann nichts:
gleich schlägt er mit der Faust dem andern auf die Nase. Es
gibt Nasen, die ungewöhnlich schnell zu bluten anfangen; ein
erfahrener Ringer weiß das und vermeidet – um des lieben
Friedens willen – solche Schläge; aber ein Neuling fällt gleich
damit hinein. Denn die Erwachsenen schreien sofort: „Blut –
Totschlag." Aber es ist bei weitem kein Totschlag, sondern
nur die besondere Eigenschaft der oben erwähnten Nase.

Ich weiß: man darf niemandem hinterhältig an die Gurgel
springen, niemanden in den Leib schlagen, ihm den Kopf
nicht gewaltsam herumdrehen, ihm die Finger nicht ausren-
ken (das gilt für die zweite Kampfphase). Nicht an der Kleidung reißen! Denn Kleidung, Stühle und Gegenstände überhaupt – das sind nur neutrale Beobachter. Aber ein geschickt
geführter Kampf, nach den Regeln, mit Technik, konzentriert,
eine Schlägerei *per se* – ein würdiger, ehrlicher Kampf –, das
ist schon etwas. Und gerade deshalb: nur in gegenseitiger
Achtung, nicht so oft, nicht zur Alltäglichkeit herabgewür-
digt, nicht ausgeartet darf es geschehen. In seltenen Fällen,
ausnahmsweise, wenn es sich gar nicht mehr vermeiden läßt,
aber nicht wegen einer Lappalie, nicht irgendwie oder um ir-
gendwas.

Daher habe ich mir diese fünf Arten ausgedacht. Ein starker Wille, eine Bremse. Oh ja, der Wille – die Kralle des
Löwen, die Feder des Adlers, die Schwinge des Falken – nicht
die Faust, sondern der Wille!

Merke: Ich bin kein Anhänger von Schlägereien. Aber als

Erzieher muß ich sie kennen. Und ich kenne sie. Ich verurteile sie nicht. Ich bin damit einverstanden.

3; 184f.

❖ ❖ ❖

Niemand hat dagegen protestiert, daß ich in meiner für Kinder bestimmten Erzählung „Ruhm" einem der Helden zu stehlen erlaubt habe. Lange habe ich gezögert, aber ich konnte nicht anders: dieser Junge mit kräftig entwickeltem Wollen und lebhafter Phantasie mußte ganz einfach einmal stehlen. Denn ein Kind stiehlt, wenn es etwas so heftig begehrt, daß es nicht widerstehen kann.

Ein Kind stiehlt, wenn von einer Sache sehr viel vorhanden ist, wenn man also einen Teil davon nehmen kann. Es stiehlt, wenn es den Besitzer nicht kennt. Es stiehlt, wenn man ihm etwas gestohlen hat. Es stiehlt, weil es etwas dringend braucht. Es stiehlt, weil es dazu angestiftet wurde.

Gegenstand des Diebstahls kann ein Steinchen sein, eine Nuß, ein Bonbonpapier, ein Nagel, eine Streichholzschachtel oder ein Scherben von rotem Glas.

Es kommt vor, daß alle Kinder stehlen, daß Diebstahl toleriert wird. Diese kleinen wertlosen Gegenstände sind teils persönliches, teils Gemeineigentum.

„Da habt ihr den Plunder, spielt damit."

Und wenn sie sich streiten, was dann?

„Hört auf, euch zu zanken: du hast so viel, gib ihm auch was ab."

Er hat eine zerbrochene Schreibfeder gefunden – und gibt sie dir.

„Da nimm, wirf sie weg."

Er hat ein zerrissenes Bild, einen Bindfaden, eine Glasperle gefunden. Wenn es ohnedies weggeworfen wird, dann kann man es auch aufbewahren.

Und allmählich kommt es so, daß die Schreibfeder, die Nadel, das Stück Gummi oder der Bleistift, der Fingerhut und endlich jeder Gegenstand, der auf Fensterbrett, Tisch und Fußboden herumliegt, gleichsam Gemeineigentum wird. Wenn schon in einer Familie daraus hundert Streitigkeiten entstehen, dann werden es in einem Internat täglich tausende sein.

Es gibt nun zwei Methoden: die eine – nichtswürdige – erlaubt es den Kindern nicht, „Gerümpel" aufzubewahren; die andere, richtige bestimmt: jeder Gegenstand hat seinen Besitzer, alles, was gefunden wird, muß wiedergegeben werden, ob es nun einen geringen oder gar keinen Wert besitzt. Jeder verlegte Gegenstand muß sofort gesucht werden.

So besitzt das Kind klare Richtlinien, und es bleibt nur die eine, die erste Art von Diebstahl übrig; es sind nicht die schlechtesten Kinder, die manchmal der Versuchung erliegen.

1; 211f.

✤ ✤ ✤

Kinder lügen.

Sie lügen, wenn sie Angst haben und wissen, daß die Wahrheit nicht herauskommt.

Sie lügen, wenn sie sich schämen.

Sie lügen, wenn du sie zwingst, die Wahrheit zu sagen, die sie nicht sagen wollen oder sagen können.

Sie lügen, wenn sie meinen, es sei notwendig.

„Wer hat das vergossen?"

„Ich", gibt ein Kind zu und versucht sich zu rechtfertigen, wenn es weiß, daß du ihm nur sagst: „Nimm den Lappen und wisch auf" oder höchstens hinzufügst: „Tolpatsch."

Auch ein ernsteres Vergehen wird es zugeben, wenn es weiß, daß der Erzieher angelegentlich nachforschen wird und die Wahrheit rücksichtslos aufzudecken beschlossen hat. Ein Beispiel: einem unbeliebten Jungen hatte man Wasser ins Bett gegossen. Niemand wollte sich dazu bekennen. Ich sagte an, daß keiner den Schlafsaal verlassen dürfe, solange sich der

Schuldige nicht melde. Die Stunde, da die älteren Jungen zur Arbeit müssen, vergeht, die Zeit des Frühstücks für alle rückt heran. Das Frühstücksbrot werden sie im Schlafraum essen. Der Unterricht fällt für sie aus, zur Beschäftigungsstunde ist es ohnehin zu spät. Im Schlafsaal ein Gemurmel vertraulicher Beratungen. Es gibt eine Gruppe von vollkommen Schuldlosen und andere Gruppen von mehr oder weniger Verdächtigen. Sicherlich ahnen sie schon etwas, vielleicht wissen sie es bereits – vielleicht reden sie auf einen ein – damit er es zugibt.

„Bitte ..."

„Du warst es?"

„Ja."

Eine Strafe erübrigt sich: Übertretungen dieser Art werden sich nicht wiederholen ...

Laß das Kind sein Geheimnis bewahren, du räumst ihm damit das Recht ein, zu sagen: „Ich weiß es, aber ich sage es nicht", und es wird nicht lügen und sagen, daß es nichts weiß. Laß Kinder offen ihre Gefühle bekunden, auch wenn sie nicht den heiligen Geboten entsprechen.

1; 206f.

❖

Schweigen ist manchmal eine Tat der höchsten Aufrichtigkeit. Das Kind ist aufrichtig, wenn es nicht antwortet. Es antwortet nicht, weil es nicht lügen will, da es die Wahrheit nicht sagen kann; es antwortet nicht, weil es nicht einverstanden ist, weil wir von ihm etwas fordern, das es nicht geben will oder kann. Schweigen ist Ausdruck der Auflehnung gegen die Lüge.

7; 25

❖ ❖ ❖

Eine schmerzliche Überraschung für die junge Mutter ist das Schreien ihres Kindes.

Sie hat gewußt, daß Kinder weinen, aber bei dem Gedanken an das eigene Kind hatte sie das nicht bedacht; sie erwartete nur sein bezauberndes Lächeln.

Sie wird seine Bedürfnisse genau beachten, sie wird es vernünftig aufziehen, modern, unter Anleitung durch einen erfahrenen Arzt. Ihr Kind wird nicht weinen müssen.

Aber es kommt die Nacht, da sie wie betäubt daliegt, den lebendigen Widerhall der schweren Stunden, die Ewigkeiten dauerten, noch immer verspürend. Kaum hat sie die Süße einer sorglosen Ermattung, einer Trägheit ohne inneren Vorwurf, eines Ausruhens nach getaner Arbeit, nach verzweifelter Anstrengung, der ersten in einem verzärtelten Leben, verspürt. Kaum ist sie der Täuschung erlegen, daß alles vorüber sei, weil dieses andere nun schon selbständig atmet. In sich selbst versunken, vermag sie nur der Natur geheimnisvoll flüsternde Fragen zu stellen, ohne überhaupt eine Antwort zu verlangen.

Da plötzlich ...

Das despotische Schreien des Kindes, das etwas verlangt, sich über etwas beklagt, Hilfe fordert – aber sie versteht es nicht. Gib acht!

„Wo ich doch nicht kann, nicht will, nicht weiß, was ich tun soll!" Dieses erste Schreien beim Schein der Nachtlampe ist die Ankündigung eines Kampfes des nun zweigeteilten Lebens: das eine reife Leben, zum Nachgeben, zu Entsagungen, zu Opfern gezwungen, setzt sich zur Wehr; das andere, neue, junge erkämpft sich seine eigenen Rechte. Heute klagst du es nicht an; es begreift nicht, leidet. Aber auf dem Zifferblatt steht die Stunde, da du einmal sagen wirst: „Auch ich fühle, auch ich leide." [...]

Wie naiv ist doch die Freude einer Mutter darüber, daß sie das erste undeutliche Gerede ihres Kindes versteht, die verdrehten und verstümmelten Ausdrücke errät.

Jetzt erst? ... Nur soviel? ... Nicht mehr? ...

Und die Sprache des Weinens und des Lachens, die Sprache

der Augen und der Mundstellung, der Bewegungen und des Saugens? ...

Verzichte nicht auf diese Nächte. Sie können dir geben, was kein Buch, kein Ratschlag zu geben vermögen. Denn hier liegt der Wert nicht mehr im Wissen allein, sondern in dem tiefen seelischen Umschwung, der nicht mehr zu jenen unfruchtbaren Erwägungen zurückzukehren gestattet: „Was könnte sein, was sollte sein, was wäre gut, wenn ...", sondern unter den gegebenen Bedingungen zu handeln lehrt.

In diesen Nächten kann dem Kind ein wunderbarer, schutzengelgleicher Verbündeter erstehen – die Intuition des mütterlichen Herzens, jene Hellsichtigkeit, die besteht aus dem forschenden Willen, der wachsenden Vernunft und einem ungetrübten Gefühl. [...]

Das Kind weint seit seiner Geburt, etwas anderes kenne ich gar nicht. Immerzu weint es!

Bricht es plötzlich in Weinen aus und hat sein Schreien gleich den Höhepunkt erreicht oder geht sein schmerzliches Klagen allmählich in Schreien über? Beruhigt es sich schnell, unmittelbar nachdem es Stuhlgang gehabt oder uriniert oder gespuckt hat, oder schreit es plötzlich und gewaltsam auf, beim Baden, beim Anziehen oder wenn man es anhebt? Oder weint es ständig klagend vor sich hin, ohne plötzliche Ausbrüche? Wie bewegt es sich dabei? Reibt es sein Köpfchen am Kopfkissen oder bewegt es saugend die Lippen? Beruhigt es sich wieder, wenn man es aufnimmt, wenn man es wickelt, es auf den Bauch legt, öfter seine Lage wechselt? Schläft es nach dem Weinen tief und lange oder wacht es bei jedem Geräusch auf? Weint es mehr vor oder nach dem Trinken, öfter morgens, abends oder nachts?

Beruhigt es sich beim Trinken? Für wie lange? Oder will es nicht trinken, und wie äußert sich das? Läßt es die Brust los, kaum daß es sie genommen hat, oder erst beim Trinken selbst, plötzlich, oder nach einer gewissen Zeit? Weigert es

sich entschieden, oder kann man es zum Trinken überreden?
Wie saugt es? Warum saugt es nicht?

Wenn es Schnupfen hat, wie wird es trinken? Gierig und
intensiv, weil es Hunger hat, dann wieder schnell und flach,
ungleichmäßig, mit Pausen, weil es keine Luft bekommt.
Und weiter, Schluckschmerzen, was mag es wirklich sein?

Nicht nur Hunger oder „Bauchweh" bringen es zum
Schreien, sondern auch wenn ihm Lippen, Gaumen, Zunge,
Rachen und Nase wehtun, wenn Finger, Ohren oder Knochen
schmerzen, wenn der After durch die Klistierspritze gereizt
ist, wenn es Schmerzen hat beim Urinieren, bei Übelkeit,
Durst, Überhitzung, Hautjucken, das einen viel später erst
auftretenden Ausschlag ankündigt – es weint wegen eines
aufgerauhten Wäschebändchens, wegen einer Windelfalte, eines Watteflöckchens wegen, das sich im Hals festgesetzt hat,
und eben auch wegen einer Samenhülse aus dem Kanarienvo-
gelbauer.

Ruf den Arzt für zehn Minuten, aber beobachte es auch
selbst, zwanzig Stunden lang.

1; 12 ff., 17

Das kleine Kind tut anfangs seinen Willen durch Schreien
kund, später durch das Mienenspiel seines Gesichtes und
durch Gesten seiner Hände und endlich durch die Sprache.

1; 34

Man sollte daran denken, daß nicht nur Kinder spielen, sondern auch Erwachsene, daß Kinder nicht immer gern spielen,
daß keineswegs alles, was wir als Spiel bezeichnen, es auch
wirklich ist, daß viele Kinderspiele Nachahmungen ernsthaften Tuns von erwachsenen Menschen sind, daß Spiele im
freien Gelände vollkommen anders sind als Spiele innerhalb
der Mauern einer Stadt oder der Wände eines Zimmers, und

daß Kinderspiele allein unter dem Gesichtspunkt der Stellung untersucht werden dürfen, welche die Kinder in unserer gegenwärtigen Gesellschaft einnehmen.

Ein Ball.

Schau dir einmal die mühseligen Versuche des Jüngsten an, den Ball aufzuheben, um ihn in der erwünschten Richtung über den Fußboden rollen zu lassen.

Betrachte die unermüdlichen Übungen der Älteren, den Ball mit der rechten oder der linken Hand zu fangen, ihn immer wieder vom Boden oder von der Wand abzuschlagen, ihn mit dem Schlagstock zu treffen und ihn ins Ziel zu werfen. Wer schafft es am weitesten, am höchsten, am treffsichersten, am häufigsten? Da gibt es Wetteifer, Erkenntnis des eigenen Könnens durch Vergleich, da gibt es Triumphe, Niederlagen und Vervollkommnung. [...]

Es gibt Kinder, die selbst nicht spielen, aber gern zusehen, wie Erwachsene Billard oder Schach spielen. Auch bei diesen Spielen gibt es interessante, falsche und geniale Züge. [...]

Das Spiel ist nicht eigentlich das Lebenselement des Kindes, wohl aber das einzige Betätigungsfeld, auf dem wir ihm eine engere oder weitere Initiative erlauben. Beim Spiel fühlt sich das Kind bis zu einem gewissen Grade unabhängig. Alles andere ist ein flüchtiger Gunstbeweis, ein Zugeständnis des Augenblicks; auf das Spiel aber hat das Kind ein Recht.

Wenn ein Kind Pferdchen, Soldat, Räuber und Gendarm oder Feuerwehr spielt, dann entlädt es seine Energie in scheinbar zweckgerichteten Bewegungen; es gibt sich zeitweilig Täuschungen hin oder flieht bewußt aus dem grauen Alltag seines wirklichen Lebens. Deshalb lieben Kinder die Gesellschaft von Gleichaltrigen mit lebhafter Phantasie, vielseitiger Initiative und einem großen Schatz von Motiven, die aus Büchern stammen, so sehr; und sie unterwerfen sich untertänig oft der despotischen Macht solcher Gleichaltriger, weil ihre eigenen nebelhaften Einbildungen sich so leichter in den Schein einer Wirklichkeit umsetzen lassen. Die Gegenwart von Erwachsenen und Fremden legt Kindern Hemmungen auf; sie schämen sich ihrer Spiele, und sie sind sich deren Nichtigkeit bewußt.

Wieviel bitteres Wissen von dem Mangel an wirklichem Leben und wieviel schmerzliche Sehnsucht danach wirkt doch in dem Spielen der Kinder fort!

Der Stecken ist kein Pferd für das Kind, es muß nur mangels eines wirklichen Pferdes mit einem hölzernen vorliebnehmen. Wenn es in einem umgekippten Stuhl durchs Zimmer paddelt, so ist das noch keine Kahnfahrt auf einem Teich. [...]

Zahlreiche Kinderspiele sind Arbeit.

Wenn Kinder sich zu viert eine Hütte aus Zweigen bauen, mit einem Stück Blech, einer Glasscherbe oder einem Nagel Löcher graben, Pflöcke einschlagen, sie miteinander verbinden, ein Dach aus Zweigen auflegen, es mit Moos abdichten und dabei schichtweise angestrengt und schweigend arbeiten, dann ist dieses Tun – das zwar spielerisch ist, aber Verbesserungen entwirft, weitere Pläne entwickelt und die Ergebnisse erworbener Erfahrungen weitergibt – kein Spiel; vielmehr ist es eine unbeholfen ausgeführte Arbeit mit unzureichendem Gerät und ungenügendem Material, die darum wenig ergiebig ist; sie ist aber so organisiert, daß jedes Kind entsprechend seinem Alter, seinen Kräften und seinen Fähigkeiten sich so viel Mühe gibt, wie es nur vermag.

Wenn ein Kinderzimmer gegen unser ausdrückliches Verbot so oft zur Werkstatt und zu einem Magazin von Gerümpel – d. h. von Material zur Ausführung beabsichtigter Arbeiten – wird, sollte man dann nicht dem nachgehen? Vielleicht ist es nicht angebracht, das Zimmer eines kleinen Kindes mit Linoleum auszulegen; vielleicht sollte man lieber eine Fuhre gesunden gelben Sandes darin verteilen und ein Sortiment von Holzstäben und eine Schubkarre Steine hinzugeben? Vielleicht wären Bretter, Dachpappe, ein Pfund Nägel, Säge, Hammer und eine Hobelbank willkommenere Geschenke als „Spielzeug", und ein Werklehrer nützlicher als ein Meister der Gymnastik oder des Pianos. Dann müßte man aber aus dem Kinderzimmer die Ruhe und die sterile Sauberkeit eines Krankenhauses sowie die Furcht vor zerschundenen Fingern vertreiben.

Oft weisen auch verständige Eltern ihr Kind voller Verdruß an: „Geh spielen!"; und schmerzlich berührt hören sie die Antwort: „Immer nur spielen und spielen." Was sollen Kinder anfangen, wo sie doch nichts anderes haben? [...]

Was sind denn friedliche Kinderspiele anderes als eine Unterhaltung, ein Gedankenaustausch, ein Phantasieren über ein bestimmtes Thema, das durch den Traum von der Macht dramatisiert wird. Beim Spielen geben Kinder ihre eigentlichen Ansichten ebenso kund, wie ein Autor in der Handlung eines Romans oder eines Theaterstückes seinen Grundgedanken entwickelt. Deshalb kann man hier so oft eine unbewußte Satire auf die Erwachsenen wahrnehmen, wenn sie Schule spielen, einen Besuch abstatten, Gäste empfangen, Puppen bewirten, kaufen und verkaufen, sich verdingen und ihren Dienst versehen. Das Schulespielen nehmen passive Kinder ernst, da sie gerne ein Lob ernten möchten – die aktiven spielen sich als Witzbolde auf, deren Unfug oft zu allgemeinen Protestkundgebungen gegen sie führt; verraten sie damit nicht unwillkürlich ihr wirkliches Verhältnis zur Schule?

Wenn ein Kind um alle Welt nicht in einen Garten gehen kann, so macht es desto lieber lange Reisen über die Weltmeere zu unbewohnten Inseln; wenn es nicht einmal einen Hund besitzt, der ihm gehorcht, dünkt es sich gern Anführer eines ganzen Regiments – es möchte gerade dann, wenn es nichts zu sagen hat, gerne alles bedeuten. Aber ist das nur bei Kindern so? Geben nicht auch politische Parteien – je nach ihrem Einfluß auf die öffentlichen Angelegenheiten – das Schwarzbrot realer Errungenschaften für Luftschlösser hin?

Manche Spiele, Nachforschungen und Versuche der Kinder sehen wir gewöhnlich gar nicht gern. Das Kind geht auf allen Vieren und bellt, um zu erfahren, wie sich Tiere benehmen; es stellt sich lahm oder es spielt einen gebückten Greis, es schielt, stottert, torkelt wie ein Betrunkener, es ahmt einen Verrückten nach, den es einmal auf der Straße gesehen hat, es geht mit geschlossenen Augen (ein Blinder), es hält sich die Ohren zu (ein Tauber), es legt sich flach hin, verharrt regungslos und hält den Atem an (ein Toter); es guckt durch Brillengläser, nimmt einen Zug aus der Zigarette und zieht heimlich die Uhr auf; es reißt einer Fliege die Flügel aus: wie wird sie nun fliegen? Es fängt mit einem Magneten eine Schreibfeder ein; es betrachtet seine Ohren (wo sind denn da die Trommelfelle?), seinen Rachen (was gibt's denn da für Mandeln?); ein Bub schlägt einem kleinen Mädchen vor, Doktor zu spielen, denn er hofft, dadurch zu erfahren, wie es beschaffen ist; das Kind läuft mit einem Brennglas in die Sonne, horcht, was da in der Muschel rauscht und schlägt zwei Steine gegeneinander.

Alles, dessen man sich vergewissern kann, will es sehen, untersuchen, erfahren; es bleibt auch so noch genug, was man einfach glauben muß.

Alle sagen, daß es nur einen Mond gibt – aber er ist doch überall zu sehen.

„Hör mal, ich bleib hier hinterm Zaun, und du gehst in den Garten."

Sie schlossen das Gartentor.

„Na und jetzt, ist der Mond im Garten?"

„Ja."

„Hier ist er auch."

Sie wechselten die Plätze und überprüften das Ganze noch einmal; jetzt haben sie die Gewißheit, daß es zwei Monde gibt.

Einen besonderen Platz nehmen Spiele ein, die der Erprobung der eigenen Kräfte und der Erkenntnis des eigenen Wertes dienen; aber das läßt sich nur im Vergleich mit anderen bewerkstelligen.

Wer also kann längere Schritte machen, und wieviele Schritte geht einer mit geschlossenen Augen; wer kann länger auf einem Bein stehen, wer muß nicht mit den Augen zwinkern und nicht lachen, wenn er einem anderen in die Augen blickt; wer kann länger den Atem anhalten? Wer schreit lauter, wer spuckt weiter, wer schafft beim Pissen den höchsten Bogen, und wer kann den Stein höher schleudern? Wer springt mehr Stufen hinunter, wer springt höher und weiter, und wer hält den Schmerz eines gequetschten Fingers länger aus? Wer kommt schneller am Ziel an, wer kann wen hochheben, zu sich hinüberziehen, umwerfen?

„Ich kann das. Ich verstehe das. Ich weiß, ich habe."

„Ich kann es besser. Ich weiß mehr. Meins ist besser."

1; 87 ff., 94 ff.

❖

Unsere Studien über das Spiel der Kinder haben die folgenden Hypothesen hundertfach bestätigt: im Spiel sucht das Kind entweder nach einer Abwechslung bei dem, was es tut, bei seiner Arbeit, oder es sucht nach neuen Erkenntnissen; durch dies unbewußte Streben will es sich entweder auf eine höhere Stufe seines geistigen Niveaus emporarbeiten, oder es möchte einfach gern die überschüssige Energie seiner Muskeln freisetzen. Manchmal läßt es sich durch üble Glücksspiele verleiten, die es seiner Umgebung abgeschaut hat, oder aber durch das Bestreben, die Position eines Führers und Gebieters über seine gleichaltrigen Kameraden zu erzwingen – hier zeigt sich der Wille zur Macht, zur Herrschaft.

Wenn wir ein funkelndes Ding vor den Augen eines kleinen Kindes glitzern lassen, oder wenn wir ihm mit einem Spielzeug in die Ohren hinein klappern, dann „spielt" das

Kind nicht mit diesen Dingen, wie wir meinen, sondern es untersucht sie so ernsthaft wie der Forscher, der ein ihm unbekanntes Phänomen beobachtet und sich dann mit der Lösung dieses geheimnisvollen Problems plagt; auch das Kind versucht, die einzelnen Bilder eines Phänomens zu greifen, um aus ihnen ein klares und harmonisches Ganzes für seine Zukunft zusammenzufügen.

2; 58

❖ ❖ ❖

Die Kinder sind zänkisch? Das ist unwahr – sie sind sowohl verträglich als auch nachsichtig. Sieh dir die Bedingungen für ihre Arbeit und ihr Zusammenleben genau an. Versuch doch einmal, vierzig Beamte in einem Raum auf unbequemen Bänken unter ständiger Kontrolle eines Vorgesetzten zu halten – sie werden einander die Augen auskratzen.

1; 194

❖

Ein oft gesehenes, aber doch interessantes Bild: Zwei Kinder, noch nicht ganz sicher auf ihren Beinchen; das eine hat einen Ball oder einen Pfefferkuchen, das andere will ihm den wegnehmen.

Der Mutter ist es peinlich, wenn ihr Kind einem anderen etwas entreißt, es nicht geben oder nicht mit ihm teilen oder es ihm nicht „borgen" will. Es ist ihr arg, daß ihr Kind sich nicht nach der herkömmlichen Art von Freundlichkeit verhält.

Die geschilderte Szene birgt folgende drei möglichen Abläufe in sich: Das eine Kind nimmt dem anderen etwas weg. Das schaut zunächst erstaunt drein, blickt dann die Mutter an und erwartet von ihr eine Erklärung des unverständlichen Geschehens.

Oder: das eine versucht, dem anderen etwas wegzunehmen, aber es trifft plötzlich auf erbitterten Widerstand: das betroffene Kind versteckt das begehrte Objekt hinter seinem ei-

157

genen Rücken, stößt den Angreifer zurück und wirft ihn um. Die Mutter eilt zur Hilfe herbei.

Oder: beide sehen einander lange an, nähern sich dann, das eine faßt mit unsicherem Griff zu, das andere setzt sich wenig überzeugend zur Wehr. Erst nach einer umständlichen Vorgeschichte entzündet sich ein Konflikt.

Hier spielt das Alter der beiden und (das Maß) ihrer Lebenserfahrung eine Rolle. Ein Kind aus einer Schar älterer Geschwister hat schon oft sein Recht und sein Eigentum verteidigen müssen und ist manchmal auch selbst der Angreifer gewesen. Aber wenn wir einmal alles Zufällige beiseite lassen, dann bemerken wir zwei unterschiedliche Veranlagungen, zwei verschiedene Menschentypen: den aktiven und den passiven. „Das Kind ist so gutmütig: es gibt alles her."

Oder:

„Ein Dummerle: es läßt sich alles wegnehmen." Das alles hat weder mit Güte noch mit Dummheit etwas zu tun.

Gutartigkeit, das bedeutet: schwächere Lebensimpulse, mangelnder Willensaufschwung und Ängstlichkeit bei jedem Tun. Jähe Bewegungen, lebendige Erfahrungen und schwierige Vorhaben werden vermieden.

Bei geringerem Tun macht es sich nur wenige handfeste Wahrheiten zu eigen, ist also gezwungen, seiner Umwelt mehr zu vertrauen und öfter nachzugeben.

Ist sein Intellekt nicht so viel wert? Mitnichten – aber er ist von anderer Art. Das sich passiv verhaltende Kind hat weniger blaue Flecken und begeht nicht so viele ärgerliche Irrtümer; und so fehlt ihm die durch sie gewonnene schmerzhafte Erfahrung; aber vielleicht erinnert es sich dieser wenigen Erfahrungen besser. Das aktive Kind sammelt mehr Beulen und Enttäuschungen ein, aber es vergißt sie vielleicht schneller. Das erstere erlebt das alles in nicht so großer Vielfalt und nicht so schneller Folge, vielleicht aber gründlicher. Die passiven sind bequemer. Alleingelassen, fallen sie nicht aus dem Kinderwagen und sie alarmieren nicht gleich bei geringfügigen Anlässen das ganze Haus. Aufgeregt und verweint beruhigen sie sich schnell, fordern nicht allzu hartnäckig, zerschlagen, zerreißen und ruinieren nicht soviel.

„Gib her!", es protestiert nicht. „Leg hin, nimm, iß!" – es fügt sich.

1; 54 ff.

❖ ❖ ❖

Ich frage, warum will es beim Trinken das Glas selbst halten, während die Mutter das Glas nicht einmal berühren darf; warum will es nicht mehr essen, ißt aber gleich weiter, wenn man ihm erlaubt, den Löffel selbst zu halten? Warum bläst es fröhlich ein Streichholz aus, schleppt Vaters Pantoffeln herbei, bringt der Großmutter den Fußschemel? Ist das bloßer Nachahmungstrieb? Nein, es ist viel mehr, das ist etwas sehr Kostbares.

„Ich allein" – ruft es tausendmal mit Gebärden und Blicken, mit seinem Lachen und seinem Flehen, zornig und unter Tränen. [...]

Habt ihr schon einmal darauf geachtet, wie oft ein Kind, wenn im Vorflur die Klingel geht, bittend ruft: „Ich mach' schon auf!"?

Zum einen ist das Schnappschloß der Eingangstür nicht ganz leicht zu öffnen, und zum anderen ist es das Gefühl, daß dort vor der Tür ein Erwachsener steht, der sich nicht zu helfen weiß und darauf wartet, daß er – der Kleine – ihm hilft. Solche kleinen Triumphe feiert ein Kind, das schon von weiten Reisen träumt und sich in seinen Träumen in die Rolle des Robinson auf einer menschenleeren Insel hineinversetzt; und in Wirklichkeit doch schon glücklich ist, wenn man ihm nur erlaubt, aus dem Fenster zu schauen.

„Kannst du schon selbst auf einen Stuhl steigen? – Kannst du auf einem Bein hüpfen? Kannst du mit der linken Hand einen Ball auffangen?"

Und das Kind vergißt, daß es mich nicht kennt, daß ich ihm in den Hals schauen und ihm Arznei verschreiben werde. Ich

159

spreche von Dingen, die stärker sind als das Gefühl der Verlegenheit, der Angst, der Unlust, und so antwortet es fröhlich:
„Das kann ich."

Habt ihr schon einmal gesehen, wie ein kleines Kind lange, geduldig, mit unbewegtem Gesicht, halboffenem Mund und gesammeltem Blick seine Strümpfe oder die Pantoffeln anzieht und wieder abstreift? Das ist weder gedankenlose Spielerei noch bloße Nachahmung, sondern Arbeit.

Welche Nahrung werdet ihr seinem Willen bieten, wenn es drei, fünf, zehn Jahre alt ist?

1; 50f.

❖ ❖ ❖

Erotische Empfindungen leben in jedem Kinde. Die Natur verlangt vom Leben Wachstum und Vermehrung; diesem Gesetz sind Mensch, Tier und Pflanze unterworfen. Sexuelle Gefühle erwachen nicht plötzlich und von ungefähr; sie schlummern noch, aber du verspürst bereits ihren leisen Atem. Solche Regungen, Umarmungen und Küsse, solche versteckten und offenen sinnlichen Spiele gibt es auch bei Kindern. Der Erzieher sollte dann jedoch weder die Augen zum Himmel erheben noch vor Erstaunen die Hände zusammenschlagen und sich schon gar nicht empört abwenden.

Gib dem Kinde genügend Auslauf, damit es sich nicht langweilt, laß es herumtoben und lärmen, laß es nur so lange schlafen, wie es mag. Dann wird das sexuelle Gefühl sich ruhig entwickeln, ohne Schmutz aufzurühren und Schaden anzurichten.

Das forschende Auge der Wissenschaft hat das Grundelement des Sexus im elterlichen Empfinden entdeckt. Die Mutter, die das Kleine nährt, unterliegt seinem Einfluß in gleichem Maße wie der Vater, wenn er die erkalteten Hände seines toten Kindes an die Lippen drückt.

Wenn man harmlos Gesicht und Haar eines Kindes streichelt, wenn man es zudeckt und, wenn es ruhig schläft, am

Kopfende seiner Wiege um sein Glück betet, so ist das ein normaler Ausdruck gesunder erotischer Gefühle. [...]

Du mußt über dein Gefühl den Kindern gegenüber Klarheit gewinnen; und du mußt wachsam sein; denn die Kinder, die du nicht nur erziehst, sondern von denen du selbst ebenfalls erzogen wirst, können dich auch verderben.

Die vier Wände des Elternhauses, der Schule, des Internates bergen düstere Geheimnisse. Manchmal werden sie für einen Augenblick durch das Blitzlicht eines Skandals sichtbar. Und dann herrscht wieder Dunkelheit.

In der gesetzlich sanktionierten Vergewaltigung, die unsere Erziehung an den Seelen der Kinder begeht, in der Unfreiheit und der unanfechtbaren Herrschaft der Erwachsenen sind notwendigerweise auch Willkür und Verbrechen verborgen.

1; 174f.

❖

Sind wir schon so voreingenommen, daß wir die Zärtlichkeiten, die den Kindern lästig sind, für echte Liebe zum Kinde halten? Begreifen wir denn nicht, daß wir es sind, die Zärtlichkeit beim Kinde suchen, wenn wir es an uns ziehen; uns, wenn wir ratlos sind, in seine Arme flüchten, daß wir in Stunden ohnmächtiger Schmerzen und grenzenloser Verlassenheit bei ihm Schutz und Zuflucht suchen, und ihm die Last unseres Leidens und unserer Sehnsucht aufbürden? [...]

„Hab' mich lieb, ich bin traurig. Gib mir einen Kuß, dann schenk ich dir was."

Das ist Egoismus, aber keine echte Liebe zum Kinde.

3; 23

❖

Das Kind erlebt erotische Bewegungen, aber es hat keine Begierde und keine bewußten sexuellen Empfindungen. So war

161

es, so kann es weiterhin sein, aber es muß nicht so sein. Das Kind kann durch Gewalt hineingezogen oder durch List eingewöhnt werden in sexuelle Erlebnisse, seine Demoralisierung kann sich ausweiten und verwurzeln. [...]

Aus diesem Grunde schreibe ich, wobei ich mich auf wenige Fälle stütze, in denen ich als Sachverständiger Kinder vernommen habe, die Opfer von Sexualdelikten wurden; diese lassen für die Zukunft Düsteres ahnen. [...]

Ob ein Fall entlarvt wird, darüber entscheidet also der Zufall: Nebengründe spielen eine Rolle, wenn man verlangt, daß die Behörden eingreifen. Es ist zu befürchten, daß nur ein unbedeutender Teil dieser Dinge an die Gerichte kommt.

In einem Fall einer – wenn nicht falschen, so doch stark übertriebenen – Anschuldigung erhob eine Mutter Klage aus Sensationslust. In zwei anderen läßt sich übermäßige Besorgnis feststellen. Eine Mutter vermutet eine Vergewaltigung, die sich ein Halbwüchsiger an der sechsjährigen Tochter im Schnee zuschulden kommen lassen haben soll, ohne das Trikotleibchen auszuziehen. Wieder eine andere sieht einen Schuldbeweis darin, daß der Untermieter dem vierjährigen Kind Bonbons schenkte und daß es „rot" von ihm herauskam. Das ist Überempfindlichkeit, aber rührt sie nicht aus der Erfahrung her, daß das Böse existiert, sowie aus der Hilflosigkeit gegenüber den Gefahren, die das Kind bedrohen?

Düstere Überlegungen weckt die Tatsache, daß ich nur in einem Fall den gesunden Reflex einer rechtschaffenen Frau fand, die, obwohl sie dabei die eigene Ruhe aufs Spiel setzte, ein Kind schützte, als sie es in einer gefährlichen Situation sah, und die entschieden darauf drängte, daß das verbrecherische Bemühen an die Öffentlichkeit kam. – Schließlich ist das Gerichtsverfahren unangenehm für die geschädigte Seite; peinliches Aufsehen, Angst vor Rache, Zeitverlust und eine zweifelhafte Genugtuung.

Die Rolle des Vaters nimmt sich im Lichte meiner Fälle ganz unrühmlich aus. „Das ist Weibergewäsch, sind Weiberangelegenheiten, – Ihr ist nichts passiert." – Der Angeklagte war ein Saufkumpan, der Vater neigte dazu, den guten Kumpel zu verteidigen. Einmal handelte eine Mutter gegen den Willen des Mannes, der ihr mit Schlägen drohte. „Das ist mein Blut", verteidigte die Mutter ihre Rechte. Nur einmal sah ich stille Tränen bei einem Vater: „Hat er sie auch nicht verletzt?" Kennzeichnend für die Passivität in derartigen Fragen mag die Aussage eines Zeugen sein. „Jawohl, er habe gesehen, daß Mädchen in den Laden gehen, er hat ihr Lachen und Quietschen hinter der Bretterwand gehört – sie kamen allein oder zu zweit; das ist ein paar Jahre so gegangen; aber er hat in seiner Naivität nichts Böses vermutet, er weiß nicht, was sie dort gemacht haben; er ließ sich mit der Erklärung des Arbeitgebers abspeisen, dies seien die Kinder eines Kusins und von Bekannten."

Zorn ist eine große Strafe für sensible Kinder – davon scheinen Erwachsene nichts zu wissen.

Nur in drei Fällen gehörten die bedrängten Kinder nicht zu den ärmsten Schichten, und in zweien davon handelte es sich um Spekulation. Ich habe den Verdacht, daß die Anklage im Ergebnis gescheiterter Verhandlungen entstand; einmal erschien der vermittelnde Rechtsanwalt als deutlich schillernde Figur. Daß die Kinder vom Hinterhof stärker bedroht sein könnten, scheint verständlich, ob es so ist, läßt sich schwer feststellen; wenn Dienstboten und Erzieherinnen (Erzieher) aus der Kategorie der „sexuell Ausgehungerten" die Kinder zum Opfer ihrer geilen Unternehmungen wählen, drängt sich die Vermutung auf, daß alles in noch größerer Geheimhaltung vor den Eltern abläuft, um so mehr vor Gericht. Auf diesen Gedanken kam ich durch drei bekannte Fälle: die Furcht vor Kompromittierung des Kindes kann ein Hemmschuh sein. Im übrigen auch der eigene Ruf, wenn nebenher mangelnde Aufsicht oder Vernachlässigung von seiten der Eltern oder peinliche Familiengeheimnisse ans Tageslicht kommen ...

Ohne Zeit mit Verlautbarungen zu verlieren, daß das Verhältnis des Kindes zu den Eltern auf herzlichem Vertrauen gründen muß u. ä., gehe ich zum zweiten Teil über.

Wie verhält sich das Kind? – Es ist erschrocken, ist weggelaufen; es hat sich losgerissen und lief davon; es droht, um Hilfe zu schreien, es den Eltern zu sagen; es gibt passiv nach, ohne sich darüber klarzuwerden, was man mit ihm anstellt: es gibt sich – angelockt, bestochen – hin. [...]

Man nimmt das Mädchen auf den Arm oder trägt es huckepack, danach legt man es an abgeschiedener Stelle ins Gras; setzt es aufs Pferd, um es ein wenig spazierenreiten zu lassen, setzt sich selber hinten drauf, dreht es zu sich um; man lockt es in eine verlassene Gegend, wobei man ihm eine Puppe verspricht, die dort verborgen sei; man läßt es zuschauen, wie Eis gemacht wird, gibt ihm zu kosten und wartet auf eine Gelegenheit; man verspricht ihm eine Schlittenfahrt; man schickt es nach Zigaretten, verspricht ihm Schokolade, man gibt dem Mädchen Parfüm, läßt es als Probe an einem parfümierten Taschentuch schnuppern; verspricht und gibt Süßigkeiten; ein Nachbar, ein Freund des Vaters. [...]

Was kann die Schule im Rahmen des gängigen Verhältnisses dieser Dinge tun? – Zumindest darauf aufmerksam machen, daß unter den Erwachsenen scheinbar normale Wahnsinnige sind, vor denen man sich in acht nehmen muß, weil sie gefährlich sind; daß die Kinder über jeden Fall einer verdächtigen Belästigung schnell und offen sprechen müssen. –

6; 65 ff.

❖ ❖ ❖

Ob es wohl gesund ist?

Noch ist es für die Mutter verwunderlich, daß ihr Kind nicht mehr mit ihr identisch ist. Bis vor kurzem noch war in ihrem zwiefachen Leben die Sorge um das Kind ein Teil des sorglichen Umgangs mit sich selbst:

So sehr hat sie die Zeit herbeigesehnt, da alles vorüber wäre und sie diesen Augenblick hinter sich hätte. Sie hatte gemeint, dann von Sorgen und Nöten frei zu sein.

Und nun?

Sonderbar: früher war ihr das Kind näher, es gehörte enger zu ihr, sie war seiner Sicherheit gewisser, selbstverständlicher erschien sie ihr. Mit dem Augenblick, da fremde Hände – erfahrene, entlohnte, selbstsichere – es in Pflege genommen hatten, fühlte sie sich allein, beiseite geschoben, beunruhigt.

Die Welt nimmt es bereits in Beschlag.

Und in den langen Stunden einer erzwungenen Untätigkeit stellen sich manche Fragen ein: was habe ich ihm mitgegeben, habe ich es auch mit allem Notwendigen ausgestattet, wie habe ich für seine Sicherheit gesorgt?

Ist es auch wirklich gesund? Warum weint es denn?

Warum ist es mager, saugt schlecht, schläft nicht, schläft zuviel, warum hat es ein so großes Köpfchen, krumme Beinchen, geballte Fäustchen, warum eine so rote Haut, weiße Pustelchen auf der Nase, warum schielt es wohl, hat den Schluckauf, niest, muß würgen, ist heiser?

Das muß so sein? Vielleicht sagt man ihr die Unwahrheit? Sie betrachtet das Kleine, Hilflose, gänzlich unähnlich allen ebenso Kleinen und Zahnlosen, denen sie auf der Straße und im Garten begegnet. Ob es wohl möglich ist, daß auch ihr Kind in drei oder vier Monaten ...?

Aber vielleicht täuschen sich alle?

Vielleicht nehmen sie es nicht ernst?

1; 8

❖

Die Erwachsenen meinen, daß Kinder sich überhaupt nicht um ihre Gesundheit kümmern: wenn man nicht dauernd auf sie aufpaßte, so würden sie alle aus dem Fenster fallen, er-

trinken, von Autos überfahren werden, sich die Augen aus-
schlagen, die Beine brechen, Hirnhautentzündung oder Lungenentzündung bekommen, und ich weiß selber nicht, was
für Krankheiten sonst noch.

Aber nein. Kinder wollen, ebenso wie die Erwachsenen, gesund und kräftig sein; sie sind sich dessen nur nicht bewußt.
Wenn man ihnen das aber erklärt, geben sie auch auf sich
acht. Man sollte ihnen nur keinen Schrecken einjagen oder ihnen zu viel verbieten. Denn sie glauben einem nicht mehr,
wenn man sie unnötig erschreckt; wenn man sie in ihrer Be-
wegungsfreiheit allzusehr einengt, dann werden sie ungeduldig und tun mit trotziger Offenheit oder auch heimlich gerade
das, was man ihnen verboten hat.

Es gibt bedächtige und leichtsinnige Menschen: und dies
unter den jüngeren ebenso wie unter den älteren. Das läßt
sich nun einmal nicht ändern. Kinder laufen gern herum, und
sie möchten gar zu gern ihre Kräfte ausprobieren, auch dagegen ist kein Kraut gewachsen. Man müßte ein Buch schreiben, das ruhig und sachlich darüber Aufschluß gibt.

Man sollte zum Beispiel wissen: der eine hat gesunde
Zähne, er weiß nicht, was Zahnschmerzen sind, und er hat
noch nie mit dem Zahnarzt Bekanntschaft geschlossen; der
andere hat schon manche Nacht hindurch geweint, weil er
Zahnschmerzen hatte. Der eine hat Kopfweh oder Bauchweh,
der andere aber lacht ihn aus: „Das Bäuchlein tut ihm weh,
das Köpfchen tut ihm weh; mir tut nie etwas weh!"

Manch einer verletzt sich, aber es macht ihm gar nichts
aus.

Ich habe einen lebhaften Buben gekannt, der im Sommer
barfuß herumlief und nach seiner Rückkehr vom Land an beiden Beinen siebzehn Wunden, Kratzer und blaue Flecken
hatte.

„Was ist da schon dabei? Das heilt doch wieder. Das ist
nichts Besonderes."

Bei einem anderen dauerte es jedesmal wochenlang, bis auch noch die kleinste Wunde verheilte.

Daher muß der eine mehr auf sich achtgeben, während der andere sich mehr herausnehmen kann.

Mit schwächlichen Kindern kenne ich mich besser aus als mit kräftigen; ich sage ihnen aber niemals: „Du wirst eine Lungenentzündung bekommen." Ich sage nur: „Du kriegst einen Schnupfen." Ich sage auch nicht: „Du wirst dir die Hand brechen", sondern: „Die Hände werden dir wehtun." Und auch das nur, wenn sie beim Ringkampf allzu grob verfahren. Ein kleiner Schmerz stört einen gesunden Buben nicht einmal. Zum Beispiel nach dem Eislaufen, nach dem Rudern oder nach einem langen Ausflug.

Man sollte nicht allzu oft davon sprechen, was alles passieren könnte, man sollte vielmehr daran denken, daß es oft gerade noch gut geht, und daß Vorhersagen nicht immer zutreffen.

3; 137f.

❖

Grundsätzlich also sollte das Kind so viel essen, wie es will, nicht weniger und nicht mehr. Selbst bei der Notwendigkeit der kräftigeren Ernährung eines kranken Kindes sollte man das Kind bei der Zusammenstellung der Speisekarte befragen und die Kur mit ihm zusammen durchführen.

1; 72

❖

Aber noch schlimmer ist: das ermüdende Ritual des Waschens vor dem Schlafengehen, vielleicht sogar noch Lebertran? An besonderen Tagen sollte man die Kinder mit alldem verschonen und sie nicht mit dem quälen, was die Geschichte, die Wissenschaft und die Erfahrung durchaus zu Recht für sie empfehlen. Gebt ihnen Urlaub davon.

3; 269f.

KINDER-GOTT

Kinder haben das Recht auf eine Zwiesprache mit Gott. Er darf ihnen nicht vorenthalten werden. Dieser Gott ist der „große Adressat", an den Fragen, Anklagen, Nöte, Beobachtungen und vieles mehr weitergeleitet werden können. Korczak kennt keine konfessionell begrenzte Religiosität. Er findet Gott im Nest einer Lerche und im Herzen der Kinder. Aus seiner eigenen Kindheit berichtet er, wie er eines Tages zu seinem Entsetzen seinen Kanarienvogel starr auf dem Boden des Käfigs entdeckte. Nach dem vergeblichen Versuch, den Vogel wieder zum Leben zu erwecken, beschließt er, ihn unter dem Kastanienbaum im Hof zu beerdigen und ein kleines Holzkreuz aufzustellen. Das Dienstmädchen verbietet es: Es handele sich schließlich um einen Vogel und nicht um einen Menschen. Der Junge beginnt dennoch ein Grab auszuheben. Da kommt der Sohn des Hausmeisters und spottet über das Grabkreuz mit der Bemerkung, der Kanarienvogel sei Jude, Jude wie er, Korczak, und für Juden gebe es keinen Himmel. Der Sohn des Hausmeisters also würde als Pole und Katholik in den Himmel kommen, er hingegen käme nach seinem Tod irgendwohin, wo es ganz dunkel sei! Der Erinnerung an die Angst darüber, daß ihm der Himmel versagt bleiben solle, bleibt Korczak unvergeßlich.

Als junger Mensch betet Korczak: „Gib mir, o Herr, ein schweres, aber ein schönes, reiches, würdiges Leben." 1942, im Warschauer Ghetto, dankt er Gott „für die Wiese und die Farben der Sonnenuntergänge" – fast fühlt man sich an den Sonnengesang des heiligen Franziskus von Assisi erinnert. Korczak selbst ist Jude im katholischen Polen. Zeit seines Le-

bens bleibt er ein Gottsuchender mit „franziskanischer Seele" (Erich Dauzenroth), tief geprägt von einer Ehrfurcht vor dem Leben, vor den niedrigsten Kreaturen, den Läusen und den Spatzen, bis hin zur Ehrfurcht vor dem „aus Staub entstandenen Wesen, in dem Gott Wohnung genommen hat".

Korczak hat die Einsamkeit des Kindes vor Augen, wenn er seinen Gott ins Spiel bringt, der aus der Einsamkeit befreien kann. Es gibt Stunden und es gibt Fragen, in denen das Kind auf sich allein gestellt ist und aus denen der Glauben befreien kann. Das Kind braucht Gott zur Bewältigung dieser Einsamkeit. Ohne einen Gott will und kann Korczak den Kindern das Geheimnis des Lebens und des Sterbens nicht erklären. Mitunter gegen den Widerstand seiner Mitarbeiter im Waisenhaus vertritt er die Meinung, Kinder müßten beten und der Erzieher solle ein flehendes Gebet zusammenfügen. Seine eigene Religiosität verdichtet sich „im Knien vor der Einmaligkeit und dem großen Geheimnis ‚Kind'".

Gebet eines kleinen Kindes
Lieber Gott, Zosia hat Pipi gemacht. – Häßliche Zosia, Zosia Pipi gemacht. – Mama ist böse auf Zosia. – Du häßliches, garstiges Mädchen. – Mama haut. – Garstige Mama. Hau nicht. – Hau nicht, Mama. – Hau nicht deine Zosia. – Das Händchen tut weh. Ich hab Angst – Angst. – Das Händchen tut weh, lieber Gott. Zosia hat Angst. – Garstige Mama, so ein garstiges Mädchen.

Zosia liebt Mama und Papa.

Wo ist denn Pipi? – Am Bäuchlein ist Pipi. – Mama, ich mach das nie mehr.

Warum hast du das gemacht, warum?

Die Beinchen, ganz warm – schau, schau, was soll das heißen? Pfui! Die Höschen – baba, die Strümpfchen – baba, die Schuhchen – baba. Mama ist böse auf Zosia.

Garstige Mama, garstiges Püppchen, garstiges Hündchen, garstig ist mein schönes Hündchen. Hör zu, Wauwau, hier ist das Nachttöpfchen, mach gleich hier rein.

Zosia ist artig. Hau nicht, Mama.

Lieber Gott, wo ist das Bäuchlein? Zosia hat Angst wegen dem Bäuchlein. Zosia hat Angst vor dem Doktor.

Hab keine Angst, Zosia, denn Mama ist nicht böse, Mama schlägt nicht, Mama wird dir was kaufen, denn Zosia ist artig, so artig, so artig.

Zosia mag den lieben Gott.

5; 16f.

❖

Gebet eines kleinen Mädchens
Allmächtiger Gott, ich habe Mama versprochen, ich werde nicht mehr launisch sein, ich werde gehorchen. – Versprechen fällt leicht, aber wie es halten? Ich habe Angst. Ich werde mir Mühe geben – ich will es sehr. Aber geschieht denn ständig das, was man will? Schon so viele Male sagte ich: „Von morgen an werde ich mich ändern." Vielleicht ist es jetzt wirklich

das letzte Mal! – Ich werde mein Wort halten – ich will. Aber du hilf mir dabei, allmächtiger Gott.

Du hast die Welt geschaffen, die sich um ihre Achse und um die Sonne dreht. Du hast den Äquator geschaffen, die Meridiane und die Pole. Du hast die Halbinseln, die Kaps, die Buchten und die Meerengen geschaffen – die Berge, die Hochebenen und die Niederungen. Du hast so viele Säugetiere geschaffen, so viele Pflanzen, so viele Arten von Granit und Quarz. Auf deinen Befehl hin sind die Wälder voll von Tieren, auf einen einzigen Wink von dir treten Flüsse über die Ufer, und Könige machen Beute oder legen die Waffen nieder. Nichts geschieht ohne deinen Willen, ohne deine Erlaubnis.

Ich weiß, der menschliche Verstand ist zu klein, um Gott zu erfassen. Er ist wie ein Tropfen im Meer. Du allein bist allmächtig, es gibt nichts, was du nicht verstehst oder nicht vermagst. Alle wenden sich an dich, du aber stimmst zu oder lehnst ab.

Ich glaube im ganzen Herzen an deine Vernunft und an deine Güte, und wenn ich nicht alles verstehe, so deshalb, weil ich zu klein und zu dumm bin.

Verzeih mir, Gott, meine Lästerung, aber ich muß ehrlich sein, und sowieso gibt es keine Geheimnisse vor dir, denn du kennst ja meine Gedanken. – Also, allmächtiger Gott, wenn du willst, daß die Menschen gut und gerecht sind, warum schaffst du dann nicht alles gut und gerecht? – Warum läßt du zu, daß sie sündigen? – Wenn du den Menschen einen stärkeren Willen gäbst, damit man all das zu tun imstande wäre, was man zu tun beschließt? Ich gebe mir Mühe, ich gebe mir große Mühe, aber es hilft nichts. Und Mama ärgert sich darüber – und ich auch.

Manchmal geht es um eine Kleinigkeit, und doch kann ich nicht nachgeben. Vielleicht deshalb, weil daheim wie auch in der Schule nicht alles gut und gerecht ist. Viel Böses habe ich nicht aus eigener Schuld erfahren, sondern aufgrund der Falschheit und des Schmutzes, von dem die ganze Welt erfüllt ist. – Es stimmt zwar, daß ich nur für mich selbst verantwortlich bin, aber all diese Lügen, Gerüchte, diese Unredlichkeit verekeln den Menschen das Leben.

Allmächtiger Gott, ich will nicht launisch sein, ich will tun, was man mir sagt – aber gib mir den Willen, auszuhalten – hilf mir – gib mir wenigstens einen Strohhalm deiner Allmacht.

An einem Tag hast du die Welt geschaffen! Sage jetzt also nur: „Die Kinder sollen gehorsam sein." – Und so geschehe es.

5; 13 ff.

❖

Gebet eines Jungen

Ich weiß, es ist nicht schön, zu bitten. Aber ich bitte nicht *dich*, guter Gott. Du brauchst mir nichts zu geben, aber der Onkel hat mir eine Uhr versprochen, wenn ich gut lerne. Hilf mir nur dabei, daß du den Onkel an sein Versprechen erinnerst.

Ich werde mir Mühe geben, und eigentlich ist es einerlei, ob er sie mir jetzt oder später gibt. Ich habe meinen Freunden gesagt, ich werde eine Uhr haben, aber sie glauben mir nicht, sie werden mich auslachen, sie werden denken, ich habe gelogen, ich gebe an.

Hilf mir, Gott, schließlich fällt es dir so leicht, schließlich kannst du ja alles machen, was du nur willst. Hilf mir, mein guter, mein liebster Gott.

Verzeih mir meine Sünden. Ich habe viel gesündigt. Aus dem Einmachglas habe ich Pflaumenmus genascht, ich habe über einen Buckligen gelacht, ich habe gelogen und gesagt, daß Mama mir erlaubt, schlafenzugehen, wann ich will; Zigaretten habe ich schon zweimal geraucht, und ich habe häßliche Worte gesagt. Aber du bist gütig, du wirst mir verzeihen, denn ich bereue es und will mich bessern.

Ich will gut sein, aber ich kann nicht. Wenn mich jemand wütend macht oder wenn mich jemand überredet, und ich

172

will nicht, daß er denkt, ich hätte Angst; oder wenn ich mich langweile, oder wenn ich etwas sehr gern haben will, obwohl es nicht erlaubt ist, dann kann ich mich nicht bremsen, auch wenn es mir später leid tut. Ich bin ja schließlich nicht böse.

Nicht weil ich mich loben will, aber du weißt es ja selber, weil du eben alles weißt, guter Gott, nämlich: Es gibt Schlimmere als mich. – Ich schwindle manchmal, aber wenn sie nur den Mund aufmachen, dann lügen sie schon. Und sie stehlen. Zweimal ist mir mein Frühstück abhanden gekommen, man hat mir die Schulbücher gestohlen und den Bleistift aus dem Federkasten gezogen. Sie sind es, die mir solche Ausdrücke beigebracht haben. Du weißt es ja, mein Gott – Ich beklage mich nicht gern, aber du weißt selber, daß ich nicht schlecht bin, auch wenn ich soviel Schlechtes tue.

Hilf mir, gütiger Gott, daß ich nicht sündige, gib Mama und Papa ein langes Leben und Gesundheit, und an diese Uhr erinnere meinen Onkel.

Denn schließlich muß man, was man verspricht, auch halten.

5; 18 ff.

❖

Gebet eines Erziehers
Ich bringe dir keine langen Gebete, Gott.

Noch sende ich zu dir zahlreiche Seufzer ... Ich mache keine tiefen Verbeugungen, bringe kein reiches Opfer zu deiner Ehre, zu deinem Ruhm. Ich wünsche nicht, mich hineinzustehlen in deine mächtige Gnade, noch trachte ich nach erhabenen Gaben.

Meine Gedanken haben keine Flügel, die das Lied zum Himmel trügen.

Meine Worte haben weder Farbe noch Duft noch Blüten. Müde bin ich und schläfrig.

Mein Blick ist verdunkelt, der Rücken gebeugt unter der großen Last meiner Pflicht.

Und dennoch trage ich eine herzliche Bitte zu Dir, o Gott. Und dennoch besitze ich ein Juwel, das ich nicht meinem Bruder – dem Menschen – anvertrauen will. Ich fürchte, der Mensch wird es nicht verstehen, nicht nachempfinden, es mißachten und verlachen. Während ich vor deinem Antlitz wie graue Demut bin, o Herr, so stehe ich mit meiner Bitte vor dir – als flammende Forderung.

Während ich still flüstere, verkünde ich diese Bitte mit der Stimme unbeugsamen Willens. Mit befehlendem Blick schieße ich über die Wolken.

Aufrecht stehend, stelle ich meine Forderung, denn ich verlange nichts für mich.

Gib den Kindern einen guten Willen, unterstütze ihre Anstrengungen, segne ihre Mühen. Führe sie nicht den leichtesten Weg, aber den schönsten.

Und als Anzahlung für meine Bitte nimm mein einziges Juwel: die Traurigkeit.

Meine Trauer und Arbeit.

5; 44f.

❖

Vor jedem Gebet sprach ich jetzt immer ein Gebet „um die Gabe des Betens“: „Mein Herr, ich stehe voller Ehrfurcht vor Dir, um Dich um die größte Gnade, die einem Menschen zuteil werden kann, zu bitten, um die Gnade eines inbrünstigen Gebets ... Daß ich während des Gebets alle meine Gedanken auf Dich konzentrieren kann: keine Geistesabwesenheit soll mich von Dir abbringen ... Ach lehre mich, mein Herr, zu Dir mit Hoffnung und Glauben zu beten.“

Und das half für längere Zeit.

6; 107

❖ ❖ ❖

Ich besitze ein wichtiges Dokument – für den Nichtkenner und Nichtliebhaber eine unverständliche Kleinigkeit.

Es ist die Erzählung des fünfjährigen Viktors, wie ein Soldat einen Hund tötete, vor dem sich Viktor wahrscheinlich gefürchtet hat, um den er aber trotzdem sehr trauerte.

Wir haben über Äpfel gesprochen. – Ich habe Viktor gefragt, ob er schon einmal Äpfel auf einem Baum gesehen hat. – Er hat sie gesehen. – Wo hast du die Äpfel gesehen?

– Die Äpfel – Äpfel habe ich gesehen – solche kleinen – die Bäume so groß – man kann darunter liegen und sich schaukeln – da war auch ein Hund – und wenn ein Apfel herunterfällt – da liegt er und schläft – die Mama kommt – ich will allein gehen – und dort ist ein Stuhl – dort ein Hund – irgendein Hund – er hat ihn gebissen – scharfe Zähne hatte er – also, als er schlief, da hat er ihn gebissen – man sollte dem Hund eine runterhauen, weil er ihn gebissen hat – dort ist eine Frau – er hat solche Zähne – ich habe vergessen, wie er heißt – er heißt Fox – er hat gebissen und Blut – hat an einem Knochen geknabbert – Fox, geh weg, geh weg – und er reißt die Augen auf und beißt – er hat den Knochen liegen gelassen und hat gebissen – ich habe diesem Hund einen Apfel zugeworfen – vom Baum habe ich den Apfel gepflückt und im Bogen hingeworfen – so einen harten Apfel – süß, wie noch nie – er hat ihn nur beschnuppert – dann kam der Soldat – peng, der Hund – peng – so ein schöner, schöner Hund.

Wenn ich traurig bin, lege ich mir die Erzählung von Viktor wie einen noch nicht erblühten Jasminstrauß auf die Hand. – Ein Ansatz von Gedanken und darunter ein Ansturm von Gefühlen. – Der kleine Mensch Viktor ist dem Tier, dem Hund begegnet. – Lest die wunderbaren Erzählungen des heiligen Franziskus, seine Predigt an die Vögel und über den schrecklichen, wilden Wolf. – Der Hund schläft. – Viktor wirft einen Apfel dem Hund zu, so süß wie noch nie. – Der Hund hat ihn beschnuppert und fraß ihn nicht. – Komisch. – Knabbert am Knochen – er hat scharfe Zähne.

Man sagt ihm: Der Hund beißt – wird dich beißen. Er bekam Angst – von Tag zu Tag verschob er den Moment einer Verständigung mit dem Fox. – Er beobachtet ihn von weitem.

Nein. Fox wird ihm nichts tun. Und doch. – Vielleicht hat er schon einmal versucht, behutsam dieses andere, anziehende – zottige Wesen auf vier Beinen zu streicheln.
– Man sollte dem Hund eine runterhauen.
Wer hat ihm das gesagt?
Und dann passierte das Schlimmste – das Schlimmste.
– Peng, der Hund – peng, Blut!
Schüsse und Blut.
– So ein schöner Hund – schöner, schöner Hund.
Man kann mit Worten kein schöneres Denkmal setzen. Wenn der Wolf erschlagen worden wäre, dann würde der heilige Franziskus sagen: armer Wolf, armer, armer Wolf.
Als Viktor erzählte, strahlten seine Augen, er trat von einem Fuß auf den anderen, Hände und Lippen zitterten. –

7; 100, 102 ff.

❖

Muß man wirklich sterben?
Wo bin ich gewesen, als ich noch nicht auf der Welt war? [...]

Warum sterben Kinder, und Alte bleiben am Leben? Wann soll man mehr weinen, wenn die Großmutter stirbt, oder wenn das Brüderchen stirbt? Warum kann ein Kanarienvogel nicht in den Himmel kommen? [...]

Warum kann ein Hund ohne Seele leben, während ein Mensch ohne sie stirbt? Wird der Doktor auch krank, und muß er auch sterben und warum? [...]

Ob der Pfarrer wohl Gott gesehen hat? Kann ein Adler bis in den Himmel fliegen? Ob Gott auch betet? Was machen die Engel; schlafen sie, essen sie, spielen sie Fußball, und wer näht ihnen die Kleider? Haben die Teufel große Schmerzen? Ob sie wohl die Giftpilze vergiftet haben? Wenn Gott auf die Räuber böse ist, warum muß man dann für sie beten? War

Mose sehr erschrocken, als er Gott erblickte? Warum betet Papa nicht, hat Gott ihm das erlaubt? Ist der Donner ein Wunder? Die Luft, ist das Gott? [...]

Wie kindisch ist die Hoffnung von Eltern (nennt sie nur nicht fortschrittlich), die meinen, daß sie ihren Kindern das Verständnis der sie umgebenden Welt erleichtern, wenn sie ihnen sagen: „Es gibt keinen Gott." Wenn es keinen Gott gibt, wer ist es denn, der das alles gemacht hat? Wer macht dann auch das, was sein wird, wenn ich sterbe, und woher ist dann der erste Mensch gekommen? Stimmt es, daß man wie ein Vieh lebt, wenn man nicht betet? Papa sagte, daß es keine Engel gibt; aber ich habe doch mit eigenen Augen einen gesehen. Wenn es keine Sünde ist, warum ist Töten dann verboten? Auch ein Huhn empfindet ja den Schmerz.

Auch hier lauter Zweifel und beunruhigende Fragen.

1; 109, 111f.

❖

„Da oben ist der liebe Gott. Der ärgert sich über unartige Kinder, aber den artigen gibt er Semmeln und Kuchen. Wo ist der liebe Gott?"

„Da oben, ganz weit oben."

Die Straße herauf kommt ein sonderbarer Herr, ganz weiß gekleidet.

„Wer ist das?"

„Das ist der Bäcker, er backt Semmeln und Kuchen."

„Ja? Also ist das der liebe Gott?"

1; 77

❖

Und schließlich wollte ich erwachsen sein . . . ich sein.

Ich war Dir schon, lieber Vater, ganz fremd.

„Ehre Deinen Vater und Deine Mutter."

– Wie soll man den Vater und die Mutter ehren?

– Durch Liebe, Ansehen und Gehorsam.

Also sündigte ich und bereute meine Sünden.

– Wieviel Arten der Reue gibt es?

– Zwei Arten: die vollkommene und die unvollkommene.

– Was ist eine vollkommene Reue?

– Die vollkommene Reue entsteht durch die Liebe zu Gott und ist die Verabscheuung der Sünden.

– Was ist eine unvollkommene Reue?

– Das ist die Verabscheuung der Sünden aus Furcht vor dem Verlust des Himmels oder aus Furcht vor der Hölle, aber weniger aus Liebe zu Gott. Meine Reue war unvollkommen: ich hatte vor dem Verlust des Himmels Angst und vor der Versetzung in die nächste Klasse.

Ich bemerkte, daß nach jedem frühmorgens vergessenen Gebet, heimlich gerauchter Zigarette, gebrochenen Fastengelübde – eine Strafe in Form einer schlechten Zensur erfolgte, daraufhin bewunderte ich Gottes Wachsamkeit und Gerechtigkeit.

Je näher die Prüfungszeit heranrückte, desto länger und inbrünstiger betete ich. Denn auf dem grünen Tischtuch lagen die so heiß begehrten Fragen, die gleichgültigen oder fatalen, die verhängnisvollen Fragen. Die Hand zitterte, vor den Augen tanzten dunkle Punkte, der Atem setzte aus, das Herz verkrampfte sich in angstvoller Erwartung, wird Gott helfen? ...

6; 104f.

❖

Die Welt ist sehr sonderbar. Sonderbar sind die Bäume, die auf irgendeine wundersame Art leben. Sonderbar sind die kleinen Würmer, die nur so kurze Zeit leben. Sonderbar sind die Fische, die in demselben Wasser existieren, in dem der Mensch ersticken und sterben muß. Sonderbar ist alles, was da herumspringt und flattert: Grashüpfer und Vögel und Schmetterlinge. Und die Tiere: die Katze, der Hund, der Löwe und der Elefant. Und am sonderbarsten ist der Mensch.

Es ist, als trüge jeder Mensch die ganze Welt in sich. Wenn ich einen Baum betrachte, dann sind es gleichsam zwei Bäume: der wirkliche – und ein zweiter in meinen Augen, in meinem Kopf, in meiner Vorstellung. Ich bin bereits weitergegangen und habe ihn schon vergessen, aber dann sehe ich ihn aufs neue, erkenne ihn wieder und erinnere mich an ihn. Dieser Baum war also irgendwo in meinen Gedanken aufgehoben, gleichsam im Verborgenen.

3; 153

❖

Denn in der Stunde der Abrechnung bin ich nicht in der einsamen Zelle des traurigsten aller Krankenhäuser – um mich sind Schmetterlinge, Heupferdchen und Johanniskäfer, das Konzert der Grillen und die Solisten der blauen Höhen, – die Lerche.

Guter Gott!

Dank dir, guter Gott, für die Wiese und die farbigen Sonnenuntergänge, für den frischen Abendwind nach einem heißen, mühevollen Tag.

Guter Gott, der du es so weise eingerichtet hast, daß die Blumen duften, daß die Johanniskäfer auf der Erde leuchten und die funkelnden Sterne am Himmel.

Wie fröhlich ist doch das Alter.

Wie angenehm ist die Stille.

Wohltuende Ruhe.

„Der Mensch, den Du ohne Maß mit Deinen Gaben überschüttet, den Du geschaffen und vor Gefahren bewahrt hast ..."

3; 247

❖

Gott allein zählt die Tränen von Vätern und Müttern und von alten Lehrern wie mir und aus diesen Tränen baut Er.

7; 125

❖

Die Krähen können meinetwegen Unheil verkünden; ich aber glaube – und ihr, meine Kinder, mit mir.

Ich lausche den Atemzügen ihrer Träume, schaue den standhaften und gemeinsamen Schritten ihrer flackernden Bemühungen entgegen; sie sind sich der Rolle bewußt, die sie auf dem Schauplatz des Lebens spielen sollen.

Das Leben schlägt in trüben Wellen gegen unser Schulgebäude – doch es kann die Flamme des Glaubens nicht ersticken.

7; 111

❖

Die interessante Welt war nicht mehr außerhalb meiner selbst. Jetzt war sie in mir. Ich bin nicht dazu da, um geliebt und bewundert zu werden, sondern um selbst zu wirken und zu lieben. Meine Umgebung ist nicht verpflichtet, mir zu helfen, sondern ich habe die Pflicht, mich um die Welt, um den Menschen zu kümmern.

3; 304

❖

Vielleicht hat auch das Kind eine Vorahnung, nur ist es nicht imstande zu verstehen; es ahnt ihn, wie es auch die von manchen sorgfältig versteckte Wahrheit und Tragödie des Lebens spürt. Vielleicht hat es, vom reinen Instinkt geführt, in seinem Lachen recht, wenn auch unter Tränen.

Es ahnt den Frühling, ahnt den Augenblick voraus, wo der Mensch sich nicht nur mit dem Menschen verständigen wird, nicht nur der Weiße mit dem Schwarzen, der Reiche mit dem Armen, der Mann mit der Frau und der Erwachsene mit dem Kind – sondern auch mit der Sonne und den Sternen, dem Wasser und der Luft, mit der weißen Birke und dem Maiglöckchen, mit dem Hund und der Lerche. Es ahnt voraus, daß wir nicht nur in Schweiß und Kampf sondern durch Spiel und freudiges Bemühen das erreichen werden, wonach die

Menschheit sehnsüchtig über Kreuze und Scheiterhaufen hinweg, in Schweiß und Blut, tragisch, einsam und von Gott verlassen, strebt.

7; 89

❖

Auf dem Land, zwischen Bäumen und Sträuchern, Insekten, Vögeln, Tieren wimmelt es von Menschen.

Und unter den Millionen von Menschen hast du noch ein – ja was denn? – Hälmchen, ein Stäubchen zur Welt gebracht, ein Nichts. […]

In ihm ist etwas, das empfindet, untersucht – duldet, begehrt, sich freut, liebt, vertraut, haßt – glaubt, zweifelt, an sich zieht und abstößt.

Dieses Stäubchen umfaßt mit seinen Gedanken alles: Sterne und Ozeane, Berge und Abgründe. Und was ist der Inhalt der Seele anders als das All, nur ohne Dimensionen.

Das ist nun der Widerspruch im menschlichen, aus vergänglichem Staub entstandenen Wesen, in dem Gott Wohnung genommen hat.

1; 4

❖ ❖ ❖

Der Abschied
Wir verabschieden alle die, die schon unser Heim verließen oder in nächster Zeit für immer fortgehen, um nicht mehr wiederzukommen.

Wir nehmen Abschied von ihnen für ihre lange und weite Reise. Diese Reise hat einen Namen – das Leben.

Viele Male dachten wir darüber nach, wie wir sie verabschieden sollen, welchen Rat wir erteilen.

Leider sind Worte arm und schwach.
Wir geben Euch nichts.

Wir geben Euch keinen Gott, denn Ihr müßt ihn selbst in der eigenen Seele suchen, im einsamen Kampf.

Wir geben Euch kein Vaterland, denn Ihr müßt es durch eigene Anstrengung Eures Herzens und durch Nachdenken finden.

Wir geben Euch keine Menschenliebe, denn es gibt keine Liebe ohne Vergebung, und vergeben ist mühselig, eine Strapaze, die jeder selbst auf sich nehmen muß.

Wir geben Euch eins: Sehnsucht nach einem besseren Leben, welches es nicht gibt, aber doch einmal geben wird, ein Leben der Wahrheit und Gerechtigkeit.

Vielleicht wird Euch diese Sehnsucht zu Gott, zum Vaterland und zur Liebe führen.

Lebt wohl, vergeßt es nicht.

7; 138

Zeittafel

1878 oder 1879
Janusz Korczak wird am 22. Juli als Henryk Goldszmit, Sohn eines assimilierten polnischen Juden und Rechtsanwalts in Warschau geboren.

1896
Korczaks Vater, der unter Depressionen gelitten hatte, stirbt in einer Nervenklinik. Die Familie ist durch seine Spielleidenschaft verschuldet und muß den sozialen Abstieg und Entbehrungen hinnehmen. Von nun an sorgt der Sohn für sich selbst, seine Mutter und seine Schwester.
Erste Veröffentlichung: „Der gordische Knoten".

1899
Bei einem literarischen Wettbewerb reicht er ein Drama unter dem Pseudonym „Janusz Korczak" ein und gewinnt eine Auszeichnung. Er behält dieses Pseudonym ein Leben lang für seine Veröffentlichungen bei.

1901
Roman „Kinder der Straße". Thema ist, wie in dem späteren Roman „Kinder des Salons" (1904), die Erfahrung von Wohlstand einerseits und Armut andererseits.

1898–1904
Medizinstudium in Warschau. Korczak arbeitet als Arzt in einem Kinderkrankenhaus.

1904–1906
Korczak ist im Russisch-Japanischen Krieg als Militärarzt tätig. Anschließend arbeitet er erneut als Arzt in einem Kinderkrankenhaus und bei wohlhabenden Bürgern.
Er hält sich zu medizinischen Studien in Berlin, Paris und London auf und arbeitet als Erzieher in „Sommerkolonien".

1912–1914
Korczak übernimmt die Leitung des nach eigenen Entwürfen errich-

teten jüdischen Waisenhauses „Dom Sierot" (Haus der Waisen) in der Krochmalna 92 in Warschau.

1914–1918
Während des Ersten Weltkrieges ist Korczak erneut als Feldarzt tätig. Er schreibt sein erstes pädagogisches Hauptwerk, „Wie man ein Kind lieben soll".

ab 1919
Korczak ist erneut Leiter von „Dom Sierot". Daneben leitet er ein Waisenhaus für jüdische Kinder, „Nasz Dom" (Unser Haus). Veröffentlichungen: „König Macius", „Wenn ich wieder klein bin", „Allein mit Gott. Gebete eines Menschen, der nicht betet".

1926
Korczak gründet die erste Zeitung von und für Kinder, die „Kleine Rundschau".
Das Kinderbuch „Der Bankrott des kleinen Jack" erscheint.

1928
Korczak veröffentlicht sein zweites pädagogisches Hauptwerk, „Das Recht des Kindes auf Achtung".

1931–1939
Korczaks „Radio-Plaudereien des Alten Doktors" genießen große Popularität. „Kaitus oder Antons Geheimnis" erscheint.

1940
Zwangsumsiedlung des Waisenhauses „Dom Sierot" ins Warschauer Ghetto. Korczak, seine Mitarbeiter und die Kinder leben eingeengt und unter unbeschreiblichen Bedingungen.

1942
Im Juli beginnen die Nazis mit der Massentötung der Bevölkerung des Warschauer Ghettos. Anfang August werden die Bewohner des Waisenhauses ins Vernichtungslager Treblinka deportiert. Korczak begleitet die ihm anvertrauten Kinder freiwillig in den Tod; Angebote zu seiner Rettung lehnt er ab. Gemeinsam mit seinen Mitarbeitern und etwa 200 Kindern wird er in den Gaskammern von Treblinka ermordet.

1972
Janusz Korczak wird postum der Friedenspreis des Deutschen Buchhandels verliehen.

Quellenverzeichnis

Dieses Lesebuch enthält Ausschnitte aus folgenden Büchern (im Text mit der vorangestellten Ziffer zitiert)

(1) Janusz Korczak: Wie man ein Kind lieben soll. Hrsg. von Elisabeth Heimpel und Hans Roos. Aus dem Polnischen von Armin Groß. Göttingen, Vandenhoeck & Ruprecht, 11. Aufl. 1995 (die Seitenangaben des vorliegenden Bandes beziehen sich auf die 7. Aufl. 1979).

(2) Janusz Korczak: Begegnungen und Erfahrungen. Kleine Essays. Aus dem Polnischen von Ruth Roos und Nina Kozlowski. Göttingen, Vandenhoeck & Ruprecht, 4. Aufl. 1991.

(3) Janusz Korczak: Das Recht des Kindes auf Achtung. Hrsg. von Elisabeth Heimpel und Hans Roos. Aus dem Polnischen von Armin Groß. Göttingen, Vandenhoeck & Ruprecht, 5. Aufl. 1994.

(4) Janusz Korczak: Wenn ich wieder klein bin und andere Geschichten von Kindern. Aus dem Polnischen übersetzt von Ilka Boll und Mieczyslaw Wójcicki. Göttingen, Vandenhoeck & Ruprecht, 1973.

(5) Janusz Korczak: Allein mit Gott. Gütersloh, Gütersloher Verlagshaus (GTB 1297), 5. Aufl. 1994.

(6) Janusz Korczak: Verteidigt die Kinder! Gütersloh, Gütersloher Verlagshaus (GTB 1020), 5. Aufl. 1992 (die Seitenangaben des vorliegenden Bandes beziehen sich auf die 4. Aufl. 1990).

(7) Janusz Korczak: Von Kindern und anderen Vorbildern. Gütersloh, Gütersloher Verlagshaus (GTB 1084), 3. Aufl. 1996.

(8) Janusz Korczak: Der kleine König Macius. Aus dem Polnischen von Monika Heinker. Freiburg, Verlag Herder (Herder/Spektrum 4322), 1994. © Gustav Kiepenheuer Verlag GmbH, Leipzig.

(9) Janusz Korczak: Das Kind neben dir. Gedanken eines polnischen Pädagogen. Berlin, Volk und Wissen Verlag, 1990.

(10) Janusz Korczak: Jack handelt für alle. Berlin, Cecilie Dressler Verlag, 1972.

Literatur

Janusz Korczaks Sämtliche Werke erscheinen derzeit im Gütersloher Verlagshaus, hrsg. von Friedhelm Beiner und Erich Dauzenroth. Die Ausgabe ist auf 16 Bände angelegt.

Zum Leben von Janusz Korczak

Erich Dauzenroth: Ein Leben für Kinder. Janusz Korczak, Leben und Werk, Gütersloh, 4., durchgesehene Aufl. 1996.

Betty Jean Lifton: Der König der Kinder. Das Leben von Janusz Korczak, Stuttgart 1990.

Zur Pädagogik von Janusz Korczak

Michael Langhanky: Die Pädagogik von Janusz Korczak. Dreisprung einer forschenden, diskursiven und kontemplativen Pädagogik, Neuwied 1993.

Weitere Literaturangaben, Hinweise, Anschriften und Texte im Internet:

http://korczak.com/korczak
http://www.ilk.de/korczak.city

Register

Kinder verstehen

Peter Veith
Eltern nehmen Kinder ernst
Die 7-Schritte-Methode zur Lösung von Familienkonflikten
nach Rudolf Dreikurs
Band 4640
Ein leicht anwendbares Programm, das hilft, in Konfliktsituationen den
Bedürfnissen von Eltern und Kindern gerecht zu werden.

Sabine Seyffert
Entspannte Kinder lernen besser
Vor dem Lernen erst den Streß beseitigen -
Übungen, Geschichten, Tips
Band 4637
Entspannungsübungen, die Kindern Spaß machen.

Michael Rohr
Freiheit lassen – Grenzen setzen
Wie Eltern Sicherheit gewinnen und ihren Kindern Halt geben
Band 4618
Eine Ermutigung für Eltern, mit den Kindern zusammen das sensible Gleich-
gewicht zwischen Freiheit und Begrenzung immer wieder neu zu finden.

Gerda Wichtmann
Kinder brauchen Orientierung
Ein praktischer Ratgeber nach Maria Montessori
Band 4608
Kinder brauchen Freiräume, aber auch feste Regeln, um sich gut zu
entwickeln. Viele Beispiele aus dem Erziehungsalltag.

Rebeca Wild
Kinder wissen, was sie brauchen
Hrsg. von Lienhard Valentin
Band 4605
Um ihre Anlagen zu entwickeln und glücklich zu sein, brauchen Kinder
viel weniger, als Erwachsene oft denken.

HERDER / SPEKTRUM

Richard Woolfson
Kinder und ihre Körpersprache
Wie Eltern die Körpersignale von Babies und Kindern besser verstehen
Band 4604
Eine Anleitung für Eltern, auch mit den Augen zu hören: Ein Muß für alle, die Kinder besser verstehen wollen.

Karin Meinert
Weil's bei Mama so bequem ist
Wie man Nesthocker los wird, bevor es zu spät ist
Band 4600
Warum es allen gut tut, wenn Nesthocker endlich flügge werden und wie man sie erfolgreich dazu bringt, zeigt dieses witzige und praktische Buch.

Dagmar C. Walter
Bach-Blüten für die Kinderseele
Die Entwicklung von Kindern fördern und stärken
Band 4551
Das praxisorientierte Handbuch: Alles über Anwendung und Wirkungsweise der Bach-Blüten-Therapie.

Adelheid Utters-Adam
Kinder fragen „Wo wohnt der liebe Gott?"
Ein Vorlesebuch mit Illustrationen von Andrée Prigent
Band 4536
Eine inspirierende und charmante Einladung, mit Kindern den Sinn von Leben und Religion zu erschließen.

Walter Pacher
Wenn Kinder keine Grenzen kennen
Konflikte lösen ohne Machtanwendung
Band 4494
Wie die Methode der Familienkonferenz erfolgreich sein kann, zeigt Walter Pacher mit vielen Beispielen und Übungen.

HERDER / SPEKTRUM

Janusz Korczak bei V&R

Wie man ein Kind lieben soll

Mit einer Einleitung von Igor Newerly. Herausgegeben von Elisabeth Heimpel und Hans Roos. Aus dem Polnischen von Armin Dross. 400 Seiten, kartoniert. ISBN 3-525-31510-4

Das Recht des Kindes auf Achtung

Herausgegeben von Elisabeth Heimpel und Hans Roos. Aus dem Polnischen von Armin Dross. 379 Seiten, kartoniert. ISBN 3-525-31508-2 Leinen. ISBN 3-525-31503-1

Begegnungen und Erfahrungen

Kleine Essays. Aus dem Polnischen von Ruth Roos und Nina Kozlowski. (Kleine Vandenhoeck-Reihe 1372). 66 Seiten, kartoniert. ISBN 3-525-33332-3

Tagebuch aus dem Warschauer Ghetto 1942

Mit einem Vorwort von Friedhelm Beiner. (Kleine Vandenhoeck-Reihe 1562). 119 Seiten mit 1 Abbildung, kartoniert. (Der Text dieses Bandes ist auch in »Das Recht des Kindes auf Achtung« enthalten). ISBN 3-525-33579-2

König Hänschen I

Mit einem Nachwort von Elisabeth Heimpel. Aus dem Polnischen von Katja Weintraub. 262 Seiten mit 10 farbigen Illustrationen von Jerzy Srokowski, Leinen. ISBN 3-525-39106-4

König Hänschen auf der einsamen Insel

Mit einem Nachwort von Elisabeth Heimpel. Aus dem Polnischen von Katja Weintraub, durchgesehen von Klaus Staemmler. 186 Seiten mit 7 farbigen Illustrationen von Jerzy Srokowski, Leinen. ISBN 3-525-39144-7

Wenn ich wieder klein bin

und andere Geschichten von Kindern. Aus dem Polnischen von Ilka Boll und Mieczyslaw Wójcicki. 386 Seiten, Leinen. ISBN 3-525-31509-0

Weitere Informationen:
Vandenhoeck & Ruprecht, Pädagogik, 37070 Göttingen

V&R
Vandenhoeck & Ruprecht

Verteidigt die Kinder!

Vorwort von Erich Dauzenroth
und Adolf Hampel. Aus dem
Polnischen von Wolfgang Grycz
und Ilse Renate Wompel.
5. Auflage. 143 Seiten. Kt.
[3-579-01020-4] GTB 1020

Allein mit Gott

Gebete eines Menschen, der nicht
betet. Aus dem Polnischen von
Wolfgang Grycz. Nachwort von
Erich Dauzenroth und
Adolf Hampel.
5. Auflage. 88 Seiten. Kt.
[3-579-01297-5] GTB 1297

Von Kindern und anderen Vorbildern

Geleitwort von Peter Härtling.
Aus dem Polnischen von
Barbara Bayer-Faber und
Ilse Renate Wompel.
3. Auflage. 140 Seiten. Kt.
[3-579-01084-0] GTB 1084

Gütersloher Verlagshaus